UNIVERSALE PAPE[illegible]

52[illegible]

JENS-ARNE DICKMANN

POMPEI

IL MULINO

ISBN 978-88-15-11651-2

INDICE

INTRODUZIONE

Chi visita oggi Pompei si aspetta molto da questa città sepolta dal Vesuvio. Un gran numero di volumi illustrati, spesso anche molto ben fatti, di dépliant illustrativi e di trasmissioni televisive presentano Pompei attraverso ricostruzioni di grande effetto e con un'accurata selezione delle poche pitture parietali ancora in buono stato di conservazione. Che le rovine siano fortemente minacciate dagli agenti atmosferici e dai danni arrecati dal forte terremoto del 1980 sono in pochi a saperlo, e la delusione dei visitatori è ampiamente prevedibile. Constatando che interi settori della città sono chiusi, abbiamo inoltre l'impressione che i responsabili della tutela dei monumenti non facciano nulla davanti a questi inconvenienti.

Ma che cos'è che attrae annualmente due milioni di visitatori a Pompei? Il desiderio di vedere da vicino gli effetti della catastrofe del 24-25 agosto del 79 d.C. e di essere immediatamente assaliti dal fremito della morte è diffuso ancora oggi. Una volta giunti a Pompei, ad attirare la curiosità di tutti sono l'anfiteatro e il lupanare, nonché, e soprattutto, i *fuggiaschi*, come vengono comunemente chiamati i calchi delle vittime, ottenuti riempiendo con gesso i vuoti lasciati dai corpi entro i depositi vulcanici. Ma commozione e partecipazione tardano a sorgere davanti ad una rovina ben ordinata e davanti ai calchi delle vittime, esposti in impolverate casse di vetro. Antichi arnesi o altre tracce della presenza, dell'esistenza e dell'attività umana sono difficilmente visibili. Le schiere di turisti incalzati a squarciagola dalle guide, e i secchi dell'immondizia traboccanti ricordano piuttosto una festa popolare. Se finalmente riusciamo a svincolarci da questa baraonda e a trovare rifugio entro una strada laterale, vediamo come le nude pareti delle case, su cui gli affreschi sono ormai da tempo sbiaditi, poco lascino intuire della quotidianità e delle abitudini di chi un tempo le abitava. A questo punto è un senso di disillusione che sopraffà il visitatore, una sensazione, d'altronde, che già chi si recava a Pompei qualche decennio fa provava. Walter Benjamin, anche dopo ripetute visite alla città verso la fine degli anni '20, non riuscì ad entusiasmarsi per le rovine. Non riuscì, infatti, ad immaginarsi una Pompei viva ed abitata. Preferì così ripiegare su Napoli, trattenersi nei vicoli animati della città vecchia e andare a zonzo fra mercati e cortili.

A più di 250 anni dall'inizio dei primi interventi di scavo, nell'anno 1748, sono radicalmente cambiate sia le condizioni, sia le prospettive con cui vengono oggi condotte le ricerche sui resti della città. Soprattutto è venuta meno quella convinzione di poter qui riscoprire una quotidianità rimasta pressoché sigillata per quasi due millenni, mentre è cresciuto il dubbio di riuscire ad interpretare il dato archeologico in modo così semplice come si era creduto. Ciò che gli scavi hanno messo in luce, infatti, non sono assolutamente delle istantanee della comune vita di tutti i giorni. Altrettanto inappropriato è il frequente riferimento alle lettere che Plinio il Giovane, allora diciottenne, avrebbe scritto come testimone oculare dell'eruzione del Vesuvio. Le avvisaglie lanciate dal vulcano, che poi eruttò per più giorni, permisero a molti di raccogliere alla rinfusa i pochi beni personali e di scappare. Inoltre, già prima dell'eruzione molte strutture erano pericolanti. Numerose case private ma anche alcuni edifici pubblici erano infatti in attesa di ristrutturazioni, resesi necessarie per sanare i danni causati da terremoti precedenti, il più forte dei quali, stando alle fonti, pare essere stato quello del 62 d.C. Ciò faceva sì che molte case non potevano essere abitate, almeno non come era consuetudine all'epoca in questa regione. Il frequente rinvenimento di tracce di attività di cantiere, di materiale da lavoro, di contenitori per provviste e di suppellettili di uso domestico in alcuni ambienti che comunemente venivano utilizzati come spazi abitativi o come sale di ricevimento, chiarisce in che modo si cercò di porre rimedio ai problemi. Infine, la città sepolta, i cui edifici più grandi dovevano essere riconoscibili sotto gli strati di cenere anche dopo la catastrofe, venne depredata da saccheggiatori pratici del posto, che certamente andarono alla ricerca di oggetti di valore soprattutto all'interno delle case dei più abbienti. Per ogni dato archeologico, dunque, si presenta una molteplicità di possibilità interpretative. Oggi si suppone che alcune case fossero completamente disabitate al momento dell'eruzione. La quantità e l'attendibilità delle informazioni provenienti dallo scavo archeologico è inoltre sminuita dal fatto che al momento dello sterro ottocentesco il materiale scavato è stato distribuito in aree adiacenti, solo successivamente esplorate. Considerando che alla messa in luce delle rovine prendevano parte anche centinaia di manovali giornalieri, i dati sono inoltre resi problematici dal fatto che all'epoca non si annotava né l'esatta posizione, né la quota dei ritrovamenti. Ad avere importanza era solo ed esclusivamente il recupero dell'oggetto intatto.

Il mero interesse della casa reale di Napoli per l'opera d'arte e l'oggetto di valore, e la preoccupazione della loro unicità e singolarità sono i motivi per cui, durante l'ampliamento degli scavi nel XVIII secolo, molte delle case già esplorate furono riempite con il materiale e i detriti dell'edificio che si andava scavando nelle adiacenze. Carlo III e Ferdinando IV rivendicarono, sia per Pompei sia per Ercolano, il diritto esclusivo sulla «caccia al tesoro». Lo dimostrano da un lato gli interventi per erigere il Museo di Portici, dove esporre i molti reperti, ma anche il divieto per i visitatori di fare disegni delle rovine. Per entrambi, Pompei rappresentava esclusivamente un'inesauribile forziere, il cui contenuto doveva solo essere riportato in luce. Statue, rilievi e arredi furono semplicemente rimossi, mentre le pitture parietali vennero strappate senza alcun rispetto dai muri per poi essere esposte in un'apposita galleria. Come se non bastasse, molte fra le pitture superstiti furono distrutte affinché nessun altro potesse impadronirsene. Infine, fu la pubblica protesta di Johann Joachim Winckelmann che costrinse il re ad abbandonare questa pratica, pur non potendo impedire di regalare una scelta di pezzi a diverse dinastie di principi europee. Gli eleganti volumi sulle *Antichità di Ercolano*, che all'epoca circolavano solo in ristretti circoli dell'élite europea come regalo prestigioso, potrebbero anche consolarci per la mancanza di ogni ulteriore documentazione, se solo non ci rivelassero dolorosamente il patrimonio di informazioni perdute sui singoli oggetti e sulla loro provenienza.

Grazie all'identificazione delle rovine come l'antica Pompei, nell'anno 1763, e all'influsso degli scritti di Winckelmann (i *Pensieri sull'imitazione* del 1755, oltre agli scritti del 1762 e 1764, redatti per incarico del cardinale romano Albani), l'interesse culturale per gli scavi sembrava essere gradualmente giunto ad una svolta. La visita alle rovine era ora considerata un'occasione per occuparsi a fondo dell'eredità antica vista come punto d'origine della cultura europea. Accanto ad un interesse di tipo antiquario sorse una ricezione di tipo classicistico dell'antichità, e l'imitazione di questa venne innalzata a principio educativo. L'idea che il XVIII secolo si era fatto del mondo antico – templi sontuosi, opere pubbliche grandiose, pittura di grande effetto e un apparato decorativo ben proporzionato – venne confermata solo molto raramente dai ritrovamenti. Non meraviglia dunque che l'interesse ad intraprendere nuovi scavi diminuisse – soprattutto tenendo conto del fatto che il bisogno di opere da esporre nei musei reali era ormai soddisfatto – e non meraviglia che non si perseguisse una prospettiva urbanistica, che poteva realizzarsi portando completamente alla luce un'unica grande area.

La situazione cambiò solo con l'occupazione di Napoli da parte dei francesi, nell'anno 1799. Progetti ambiziosi erano mirati innanzitutto all'esproprio delle terre private, qualora queste coincidessero con l'area occupata delle rovine. Questi interventi facevano parte di un programma unitario, che prevedeva non solo l'unione di aree scavate fino a quel momento, situate soprattutto a nord e a sud della zona archeologica, ma anche lo scavo completo delle mura della città, così da rendere possibile una passeggiata attraverso ed intorno alle rovine. Questi progetti, però, si rivelarono ben presto troppo ambiziosi. Tuttavia, nel 1815, anno della partenza dei francesi, era possibile giungere fino al quartiere dei teatri a sud della città, partendo dalla Porta Ercolano, situata a nord-ovest, proseguendo attraverso il foro e percorrendo una parte di una delle vie principali sulla direttrice est-ovest, la Via dell'Abbondanza. Per la prima volta fu così possibile farsi un'idea della reale estensione di un'antica città di provincia e del suo aspetto effettivo.

Gli anni seguenti del dominio borbonico furono segnati da una situazione di stasi, dovuta ad una certa mancanza di mezzi finanziari: i lavori procedettero lentamente. Tuttavia, è proprio in questo periodo che vengono effettuati ritrovamenti importanti, come la Casa del Poeta tragico, la Casa del Fauno, la Casa di Meleagro e la Casa dei Dioscuri. Proprio quest'ultima servì da modello a Ludovico I di Baviera per il suo *Pompejanum* ad Aschaffenburg. La Casa del Poeta tragico, invece, divenne la casa di Glauco nel fortunatissimo romanzo di Edward Bulwer-Lytton, *Gli ultimi giorni di Pompei*. Sia il romanzo sia il luogo di villeggiatura creato in Germania dimostrano che la ricezione delle antiche rovine si era trasformata notevolmente, lasciando tracce più evidenti in poesia e architettura che non nelle cronache e nei racconti di viaggio, e tutto questo dopo sole tre o quattro generazioni.

Con la nomina a soprintendente di Giuseppe Fiorelli, nel 1863, iniziarono dodici anni fondamentali per la storia degli scavi nella città. La scelta di scavare gli edifici uniformemente ed estensivamente, penetrando dall'alto ed asportando l'interro partendo dai tetti per poi procedere verso il basso, rivoluzionò la metodologia di lavoro, che fino ad allora prevedeva uno sterro frontale partendo dalla strada. In questo modo si riuscì finalmente ad evitare il crollo delle facciate delle case. Prima dell'adozione di questo metodo succedeva spesso, infatti, che le pareti cedessero alla pressione del terreno che dall'interno delle strutture spingeva verso l'esterno. Nel contempo, questa precauzione fu anche il presupposto per una prima importante documentazione scientifica, che finalmente teneva conto dell'esatta posizione e della quota dei ritrovamenti, cioè l'altezza relativa degli oggetti rispetto ad un piano predefinito. Fu sempre Fiorelli ad introdurre la prassi di redigere regolarmente un *Giornale degli scavi*. Infine, dobbiamo sempre al primo soprintendente la ormai canonica suddivisione della città in nove *regiones*, a loro volta divise in *insulae*, nonché la numerazione dei singoli ingressi.

I successori di Fiorelli ebbero l'opportunità di riportare alla luce le ultime regioni a ovest della Via Stabiana, il fondamentale asse nord-sud della città, con importanti ritrovamenti quali ad esempio la Casa dei Vettii. Fu però riservato a Vittorio Spinazzola negli anni fra il 1911 e il 1924 di mettere in luce completamente, grazie a scavi estensivi, la Via dell'Abbondanza, la famosa via delle botteghe, procedendo man mano verso est fino alla Porta di Sarno. La popolarità di questa strada è dovuta non solo alla grande varietà di negozi e botteghe, ma anche alle ricostruzioni moderne delle facciate, davvero suggestive, con tanto di piano superiore, finestre e balconi. Anche per l'interno delle case si adottarono già verso la fine del XIX secolo misure per la conservazione degli affreschi e dei mosaici, ricostruendo tetti in mattoni ad imitazione di quelli antichi, senza tuttavia tener conto dell'originaria altezza degli ambienti o della presenza di eventuali piani superiori. Nel contempo si posarono tubature per l'acqua e cavi elettrici, così da riuscire a creare effetti visivi di vario genere grazie all'impiego di luci e fontane zampillanti. All'interno dei cortili porticati furono inoltre piantati alberi d'alloro e palme. Oggi, tutti questi interventi costituiscono un grave problema, poiché l'uso di materiale antico per le ricostruzioni rende a volte impossibile distinguere l'originale dal rifatto. E come se non bastasse, le stesse opere di restauro sono ormai pericolanti.

Il clima euforico che accompagnò il fascismo nascente rilanciò gli scavi di Pompei. Grazie all'instancabile opera di Amedeo Maiuri, a cui venne affidata la direzione degli scavi dal 1924 fino al 1961, l'area di scavo fu estesa verso sud-ovest fino all'anfiteatro e si portò a termine l'isolamento dell'intero circuito murario della città. Proprio durante questi lavori si scoprì la necropoli di Porta Nocera. Gli scavi procedettero fin troppo velocemente, e a risentirne fu la documentazione, che a tratti sarebbe poi risultata essere piuttosto lacunosa. A causa dell'irresponsabile abbandono e della mancanza di un'appropriata conservazione delle aree messe in luce, l'archeologo di oggi si trova di fronte ad una situazione paradossale: rimase infatti per ampi tratti inesplorato proprio quel settore della città che per la densità delle abitazioni semplici, per il notevole numero di botteghe, di osterie e di locande, oltre ad aree coltivate simili a vere e proprie piantagioni, tanto avrebbe da svelarci sull'organizzazione economica e sociale della Pompei di epoca imperiale. Molto verosimilmente, ciò è da ricondurre all'assenza di affreschi e mosaici. Inoltre, questo settore venne purtroppo abbandonato al disfacimento e al copioso proliferare della vegetazione. Anche se riscavata in anni recenti, l'area è da considerarsi archeologicamente sterile, soprattutto dopo le discutibili ricostruzioni avvenute negli anni '80 e nei primi anni '90.

L'area scavata dal 1748 ad oggi misura all'incirca 44 ettari, ed è quindi la più estesa rovina del mondo antico giunta fino ai nostri tempi. La conservazione e il mantenimento sono messi a dura prova, e il numero degli edifici pericolanti è alto. Solo un impegno duraturo da parte di forze internazionali potrà salvare la città dalla decadenza. Lo Stato italiano ha reagito a questa situazione concedendo non solo una maggiore libertà d'azione alla Soprintendenza di Pompei, ma soprattutto un'autonomia di carattere economico. Nel 1997 finalmente si rese giustizia anche su scala internazionale alla straordinarietà delle rovine, che furono accolte nella lista del Patrimonio dell'Umanità stilata dall'Unesco. In quest'inizio di XXI secolo c'è da sperare che archeologi responsabili della tutela dei monumenti e restauratori riescano a trovare il giusto equilibrio fra conservazione delle rovine e apertura al pubblico.

Per questi motivi, dunque, gli archeologi di tutto il mondo sono unanimi nel non scavare, intanto, quel terzo della città non ancora esplorato.

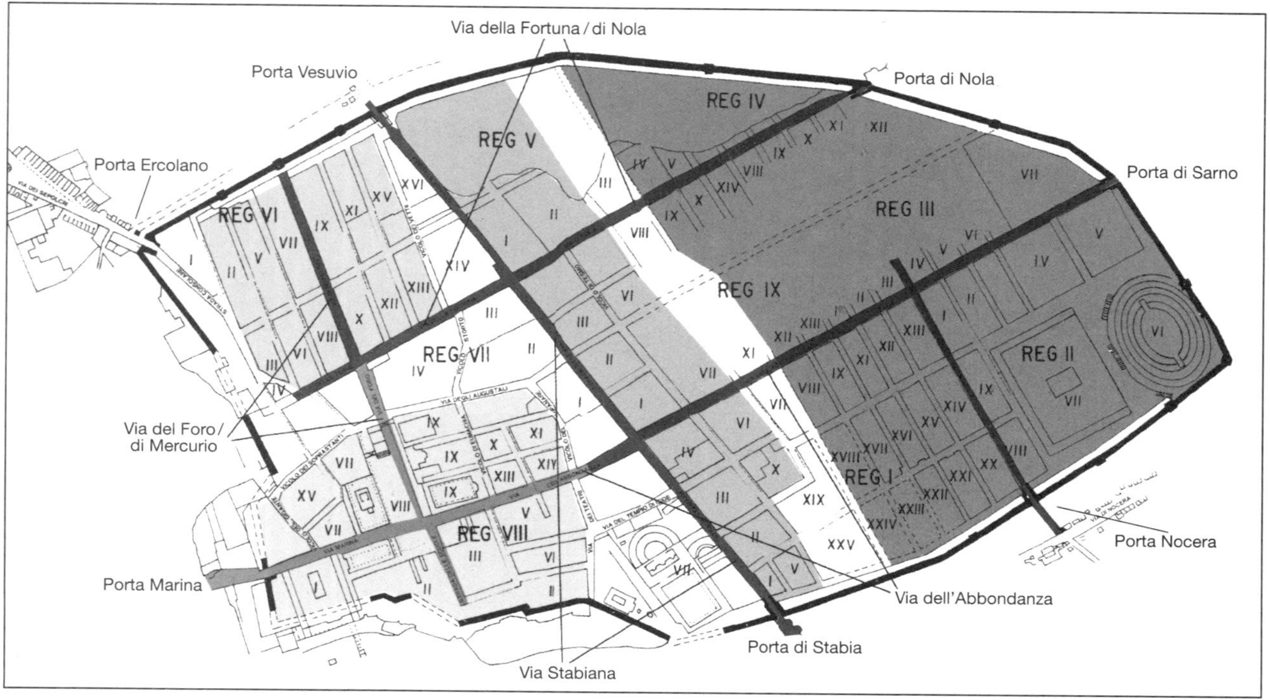

PIANTA 1. Pianta schematica delle fasi edilizie della città e dell'organizzazione della rete viaria.

CAPITOLO PRIMO

L'INFRASTRUTTURA DELLA CITTÀ

1. *La città vista dall'alto: mura, porte e tracciato stradale*

Il percorso irregolare delle mura cittadine rivela la volontà di adattarsi alle condizioni geografiche del luogo (pianta 1). Il passaggio da un terreno leggermente in salita verso nord in direzione del Vesuvio ad uno che dolcemente degrada verso est avviene senza particolari cesure. Il percorso spigoloso del muro ad ovest invece segue il brusco declivio di un *plateau* di lava su cui la città era stata fondata verso la fine del VII secolo a.C. Ben più antica è la formazione del costone, che risale ad eruzioni precedenti del Vesuvio. Questa colata lavica, inoltre, si protende ampiamente verso sud. Anche se nella maggior parte dei tentativi di ricostruire l'andamento della costa si osservano diverse differenze, è un dato quasi certo che in epoca romana la città si trovasse molto più vicina al mare rispetto ad oggi. La foce del Sarno, navigabile, sembra trovare nelle lagune prospicienti una difesa naturale, ed è così un ottimo punto d'attracco per le navi. Questa caratteristica fa di Pompei una città assolutamente interessante come luogo per lo scambio di merci, ad esempio del sale che proveniva dalle non lontane saline. Scavi molto recenti effettuati più ad est verso l'interno, nei pressi dell'odierna Nola, hanno evidenziato come gli insediamenti sorti agli inizi del I millennio a.C. siano stati spostati, verso la fine del VII secolo a.C., più vicino alla foce del fiume.

Nell'arco di poche generazioni il primo insediamento deve essere cresciuto molto rapidamente (pianta 1). Già dalla fine degli anni '20 Amedeo Maiuri aveva individuato, nel corso delle sue indagini in corrispondenza delle mura cittadine, i resti di una massicciata che fu interpretata non come una precedente fortificazione ma come fondazione di un muro più tardo. Solo nuove indagini, ad opera di Stefano De Caro, hanno chiarito che una prima fortificazione del perimetro della città era avvenuta già verso il 570-560 a.C. Risulta abbastanza chiaro che questo primo muro, composto da un unico filare e probabilmente di modeste dimensioni in altezza, determinò per ampi tratti anche l'andamento della successiva struttura di difesa. Solo ad oriente il muro era inizialmente spostato con ogni probabilità più verso ovest rispetto al precedente, così da racchiudere un'area minore. Indipendentemente da ciò, la presenza del muro suggerisce che fin dall'inizio si era prevista non solo un'area occupata dall'insediamento vero e proprio, ma anche una superficie destinata all'agricoltura e all'allevamento.

Dal momento che solo in pochissimi punti della città sono stati effettuati degli scavi in profondità a partire dal livello più recente, quello del 79 d.C., scendendo fino ai primi confini dell'insediamento, ci sfuggono a tutt'oggi le caratteristiche e l'estensione del primo impianto urbano. Un possibile dato circa il primo nucleo abitativo è fornito dal tracciato stradale nella parte occidentale dell'area cittadina (pianta 1). Senza particolari difficoltà si può individuare la via ad arco che circonda il foro. Ben presto questa è stata interpretata come limite di un nucleo più antico, che negli studi viene comunemente definito come *Altstadt*, ovvero città vecchia. Inoltre, quest'area è divisa quasi perfettamente da due strade tra loro ortogonali – le moderne Via Marina/Via dell'Abbondanza e la Via delle Scuole/Via del Foro, sicché si può anche presumere una parcellizzazione pianificata.

Se si osserva il reticolo delle strade disposto a nord e ad est in posizione esterna alla Altstadt, allora saltano all'occhio gli assi rettilinei che tagliano tutta l'area cittadina: la Via della Fortuna e la Via Nolana a nord, la Via dell'Abbondanza a sud, e infine la Via Stabiana come asse nord-sud. Il loro percorso fa da cornice al nucleo più antico e al tempo stesso prolunga l'asse est-ovest costituito dalla Via dell'Abbondanza (*decumanus*). L'andamento parallelo dei due *decumani*, e la regolare tripartizione della città in senso nord-sud sono entrambi riconducibili alla volontà di sfruttare anche lo spazio esterno al nucleo come area insediativa. Quando sia stato definito l'orientamento di questi assi è ancora oggetto di discussione. Osservazioni anche molto recenti fanno pensare che siano stati tracciati in un'epoca piuttosto antica, andando così ad influenzare anche l'ubicazione delle porte, inglobate nel muro che venne costruito in un secondo momento. Le porte della città sono sette: una verso Ercolano e Napoli, la Porta Vesuvio a nord-ovest, una verso Nola, poi la Porta di Sarno ad est, Porta Nocera (o Nuceria, dal nome antico della città) e Porta di Stabia che a sud guardavano verso le omonime città, e infine ad ovest la Porta Marina, che conduceva al porto.

Oltre al percorso delle strade all'interno del primo nucleo, si possono notare alcune irregolarità anche in altri settori della città, relative soprattutto all'orientamento delle strade secondarie. Addirittura interi settori, specialmente a nord-ovest e a sud-est, divergono dal *cardo* (l'asse nord-sud che si identifica con la Via Stabiana). Mentre a nord della Altstadt l'orientamento delle vie fa riferimento alla Via di Mercurio, cioè alla prosecuzione dell'asse definito dal foro, a sud-est le strade dipendono dalla Porta Nocera. Come accade ai settori confinanti con il nucleo più antico, anche in altri punti dello spazio urbano si osservano alcune deviazioni che hanno come conseguenza una serie di isolati (*insulae*) non perfettamente rettangolari.

A causa di queste anomalie, gli archeologi hanno avanzato diverse ipotesi circa il progressivo ampliamento della parte insediativa e l'annessione di nuovi spazi. Stando a queste riflessioni, il settore settentrionale della città vecchia dovrebbe essere stato tracciato e in parte già edificato nel corso del VI secolo a.C. L'ampliamento verso est, oltre la Via Stabiana, sembra essere avvenuto solo a partire dalla fine del IV secolo a.C. L'orientamento delle vie ad est rende probabile una deduzione di terre avvenuta in due momenti diversi. L'individuazione di lotti edificabili omogenei in questo settore sembra confermare l'ipotesi che ai processi insediativi abbiano partecipato gruppi di persone piuttosto cospicui. Nello specifico, potrebbe trattarsi degli abitanti di Nuceria, la cui città venne rasa al suolo da Annibale nel 215 a.C.

La rapida crescita dell'insediamento nell'arco di tre generazioni (fino alla metà del VI sec. a.C.) spiegherebbe anche perché si decise di erigere un primo muro di difesa, seppur di modeste dimensioni. Ben presto però, forse già all'inizio del V secolo, questo primo muro fu sostituito da un massiccio muro di fortificazione, composto da due paramenti esterni riempiti all'interno con materiale incoerente. È difficile stabilire se questa decisione sia da ricondurre ad un'effettiva minaccia da parte degli abitati vicini o delle tribù dell'entroterra. Dopotutto sembra che già nel corso del V secolo abbia avuto inizio un flusso migratorio dalle montagne del Sannio verso le regioni costiere, che portò infine anche Pompei sotto il dominio delle tribù montane.

Su questo processo, durante il quale scoppiarono probabilmente anche diversi conflitti, è stata fatta nuova luce grazie agli ultimi interventi di scavo da parte dell'Istituto germanico di Archeologia. Già negli anni '40 era stata proposta l'esistenza – all'epoca ancora poco documentata – di una fortificazione della Altstadt. Questa sarebbe dunque dovuta essere precedente al grande muro di cinta esterno. Quando però fu appurato che quest'ultimo era stato eretto già nel VI secolo divenne piuttosto improbabile la presenza di una fortificazione ancora più antica. Di conseguenza si abbandonò l'ipotesi di un muro intorno alla città vecchia. Le indagini degli ultimi anni in corrispondenza delle Terme Stabiane (pianta 5) hanno portato alla luce in due punti distinti, all'altezza del confine orientale della Altstadt, i resti di una struttura a due filari fatta di grandi blocchi di lava e di calcare disposti in alternanza. Nuove osservazioni e misurazioni a nord e a sud della Via dell'Abbondanza fanno pensare alla presenza di un fossato parallelo a questa costruzione, verso est. L'interpretazione di questi elementi come struttura di difesa diventa, dunque, alquanto probabile. All'altezza della Via dell'Abbondanza è perciò da supporre una porta cittadina più antica. Inoltre, ciò sembra plausibile anche per la presenza di una leggera deviazione della strada in direzione nord-est, che da questo punto prosegue in linea retta fino alla Porta di Sarno.

Il numero di reperti provenienti dagli strati corrispondenti è piuttosto basso, ma sembra comunque testimoniare a favore di una costruzione del muro di cinta intorno al primo nucleo abitativo entro il V secolo a.C., e sicuramente dopo la cinta muraria esterna. Tuttavia, ciò non significa che gli abitanti di Pompei si siano ritirati e chiusi nella Altstadt a causa della minaccia sannita, abbandonando le loro case dislocate intorno alla città vecchia. È più probabile che l'area fungesse da rifugio temporaneo, dove ritirarsi in caso di pericolo.

Le evidenze archeologiche potrebbero, inoltre, spiegare come mai il V e il IV secolo possono essere considerati per l'urbanistica di Pompei un periodo buio, su cui gli archeologi hanno invano cercato di gettare nuova luce. La fase del dominio sannitico, durante il quale non furono posti accenti di carattere urbanistico, fu senz'altro un periodo di lunga stagnazione.

Questa situazione mutò solo con l'arrivo dei romani, che nel corso delle guerre latine a partire dal 343 a.C. espansero la sfera d'influenza verso sud, ben oltre i confini del Lazio. Lo storico romano Livio (59 a.C.-17 d.C.) ci narra le vicende dell'approdo di un distaccamento della flotta alla foce del Sarno nel 310 a.C. Da qui questo avrebbe dovuto prendere la vicina città di Nuceria e il suo territorio (Liv. 9, 38, 2 s.). Dovettero essere proprio questi conflitti a spingere gli abitanti di Pompei a costruire una terza fortificazione. Questo nuovo muro, in blocchi di calcare, era rinforzato nel punto più esposto sul lato nord della città con un terrapieno (*agger*). Dello stesso periodo è possibile riscontrare strutture di questo tipo anche altrove nell'Italia centrale. Fondamentale per lo sviluppo della città è il fatto che le due porte della città a est e a sud-est, la Porta di Sarno e la Porta Nocera, siano attestate solo a partire da questa terza fase. Sembra cioè che solo nel corso del III secolo a.C. la zona intorno al futuro anfiteatro fu inglobata entro l'area interessata dall'insediamento e dall'urbanizzazione. Fu allora che Pompei raggiunse quell'assetto urbanistico che determinò l'approvvigionamento e il traffico in città fino all'età imperiale.

La cinta muraria fu tuttavia potenziata altre due volte, la prima probabilmente a causa della minaccia costituita da Annibale per le città campane, e la seconda verso la fine del II secolo a.C., quando le comunità agricole si sollevarono contro Roma per ottenere finalmente la cittadinanza romana. A questi scontri – la guerra sociale degli anni dal 91 fino all'89 a.C. – durante i quali Pompei venne assediata e infine conquistata, è da ricondurre la costruzione di dodici torri, a sud-est, est e nord dell'abitato. Un'occhiata alla pianta della città mostra in modo chiaro come queste siano state poste in corrispondenza della fine delle strade. Come sappiamo da iscrizioni parietali in lingua osca, questa disposizione era funzionale all'orientamento dei soldati, in modo che potessero raggiungere nel minor tempo possibile il tratto di muro che doveva essere difeso.

Da pochi anni a questa parte è di nuovo possibile seguire il percorso murario e percorrerlo sul lato esterno, e in alcuni tratti addirittura passeggiare sulla sua sommità, da dove si gode di una splendida vista su ampi tratti dell'antico impianto urbano.

2. *Nel groviglio di vicoli della città vecchia: l'organizzazione del traffico*

Per i tratti finora conosciuti sembra che a Pompei non siano esistiti vicoli ciechi. Le poche eccezioni sono dovute a costruzioni e a ricostruzioni di età imperiale. La presenza o l'assenza di vicoli ciechi è un dato non trascurabile per la mobilità sulle strade di una città. Un'occhiata alla pianta di una tipica città orientale, come ad esempio Damasco, ne svela una caratteristica importante. Alla maggior parte dei vicoli era possibile accedere unicamente da una strada più grande, e solo verso questa era possibile lasciarli. Dal vicolo cieco poi si accedeva ad un ristretto numero di case: il tutto veniva così a costituire uno spazio privato piuttosto che pubblico. Era insomma lo spazio del vicinato, e da questo veniva controllato oltre che gestito. Ciò non esclude tuttavia che vi si potessero trovare anche moschee, con le annesse scuole di Corano. A Pompei, invece, le strade e i vicoli erano concepiti soprattutto come vie di passaggio, finalizzate in prima istanza ad un movimento fluido del traffico. Come già accennato nel caso delle torri lungo il circuito murario, anche le strade secondarie assunsero una notevole importanza come vie di accesso alle mura, e sicuramente dovettero essere molto frequentate. L'importanza di questa funzione è inoltre evidenziata dall'esistenza di una strada che seguiva le mura sul lato interno. Solo in corrispondenza dei limiti ovest e sud-ovest, dove il ripido pendio rese superflua qualsiasi opera di fortificazione, sembra che gli edifici siano stati costruiti fino al limite del costone lavico. In quei settori in cui era presente la strada perimetrale, questa consentiva una circolazione fluida, permettendo anche di evitare uno scomodo avanti e indietro.

L'importanza delle strade in città e l'esigenza di mantenerle sgombre si deduce anche dai testi di legge di diversi municipi italici (per es. le *Tabulae Heracleenses*) dei decenni intorno all'anno zero, in cui si regolavano le attività dei magistrati e si prescriveva che la sede stradale fosse pulita e tenuta sgombra dai rifiuti dai proprietari della casa adiacente. Come motivazione si indicava la necessità di permettere una circolazione senza intralci.

Uno studio approfondito delle disposizioni di legge e delle evidenze archeologiche permette di fare un'ulteriore interessante distinzione. Mentre i cosiddetti marciapiedi servivano prevalentemente alle passeggiate e alle soste, le strade lastricate erano pensate soprattutto per il passaggio degli animali da soma e dei portatori, e solo in un secondo momento per la circolazione dei carri. Ciò sembra essere in contraddizione con la presenza di solchi carrai, che in certi punti sono anche molto profondi. Se si considera, tuttavia, che le strade principali di Pompei furono lastricate durante il I secolo a.C., allora scopriamo che questi solchi si formarono in non meno di 150 anni. La maggior parte delle strade secondarie e delle vie, però, non ne presenta affatto. È evidente che di qui transitavano carri solo molto sporadicamente. I carri più pesanti, poi, dovevano trovare impiego principalmente fuori dalla città, mentre in corrispondenza delle porte la merce veniva caricata probabilmente su carri più piccoli o su animali da soma.

Proprio grazie ai solchi carrai in corrispondenza degli incroci e degli snodi all'interno della città, è possibile dedurre che erano impiegati solamente carri a due ruote. Ciò si inserisce bene in quel contesto di stretti vicoli a senso unico che caratterizza il nucleo cittadino originario. L'evidenza archeologica trova conferma anche nelle disposizioni delle *Tabulae Heracleenses*, che proibivano, nelle ore notturne, la circolazione dei carri trainati; di giorno, invece, era permesso l'accesso ai carri solo qualora servissero al rifornimento dei cantieri delle opere pubbliche. In questo modo diventa inutile la domanda che viene posta frequentemente circa il traffico a senso unico. Nel caso si formasse una coda dietro ad un carro, non rimaneva che aspettare fino a quando questo fosse caricato o scaricato. È una scena, questa, a cui capita di assistere spesso ancora oggi nelle strade della Napoli vecchia, dove l'attesa viene accettata senza troppi mugugni. D'altronde, le manovre per passare non dovevano costituire un problema insormontabile, almeno per i carri scarichi e più leggeri che, grazie alle loro grandi ruote, potevano essere tratti sul marciapiede senza troppa difficoltà. Possiamo immaginare, inoltre, che la popolazione partecipasse spesso a questi avvenimenti e che un semplice avvertimento potesse facilmente evitare l'incontro a metà strada fra due mezzi di grandi dimensioni. Uno dei carri poteva aspettare in corrispondenza di un incrocio fino a quando la strada non si liberava.

Quale fosse il reale impiego di animali da soma si può solo dedurre grazie alle centinaia di buchi ad anello che via via si crearono perforando il cordone dei marciapiedi. Il loro numero e la loro distribuzione suggeriscono che servissero per legare i muli. Tuttavia, i buchi servivano anche per il fissaggio di tende sopra il marciapiede davanti alle botteghe, in modo da consentire due chiacchiere all'ombra con i clienti e per proteggere dal sole la merce esposta.

Ciò ci porta a fare qualche considerazione riguardo ai marciapiedi. È stato spesso affermato che servissero – diversamente dalle città europee della prima età moderna – semplicemente all'ozio e al riposo (fig. 1). Nel tentativo di fare un po' di chiarezza bisogna tener conto di un fatto: marciapiedi la cui larghezza permettesse il passaggio di più persone erano presenti solo lungo le arterie principali di Pompei, davanti ai negozi, alle botteghe e agli ingressi delle *domus* più grandi. Nelle vie laterali era invece abbastanza comune che gli edifici venissero costruiti fino al ciglio della strada. Ai pedoni non rimaneva che camminare sulla sede viaria. L'archeologia ci fornisce due chiari indizi del motivo per cui furono realizzati i marciapiedi. Per prima cosa, possiamo dire che erano gli stessi proprietari delle case a lastricare il tratto di marciapiede antistante la loro abitazione: si nota, infatti, un'evidente differenza nell'impiego dei materiali in corrispondenza del confine fra una proprietà e l'altra. In secondo luogo notiamo come lungo le strade principali la larghezza dei marciapiedi cambi da *insula* ad *insula*. Poiché il limite del basolato stradale è dritto, è evidente che la differenza nella larghezza venisse a costituirsi solo nel momento in cui un proprietario decidesse dove far sorgere la facciata della propria casa. Questo fatto, unitamente alla mancanza di marciapiedi nelle strade laterali, non si spiegherebbe se questi fossero stati considerati veramente fondamentali per il passaggio dei pedoni.

A questo punto è probabile che anche quelle che sono state considerate alla stregua di strisce pedonali vadano rilette diversamente. Pur mancando ad oggi un'indagine approfondita, si possono almeno fare le seguenti osservazioni: queste strisce pedonali, che dovrebbero permettere il passaggio da un lato all'altro della strada, non si trovano affatto in tutte le vie, ma di regola solo in quei punti dove è stato possibile accertare la presenza di negozi e osterie. Il loro addensamento in alcune zone, come per esempio in corrispondenza della Altstadt, si spiega anche col fatto che potessero essere apprestate a piacimento, anche entro una sede stradale già lastricata precedentemente. Se l'intento fosse veramente stato quello di permettere l'attraversamento della strada in caso di maltempo, come spesso si sente dire, allora bisogna chiedersi come mai non siano state individuate in molte altre zone della città. Rimarrebbe inoltre da spiegare come mai nella vicina Ercolano e in altre città italiche si trovino solo in modo molto sporadico ed occasionale rispetto a Pompei. Non pioveva, forse, nelle altre città? Poiché i pedoni camminavano sulla sede stradale lastricata, è più probabile che i marciapiedi permettessero al traffico di incrociarsi senza troppa difficoltà, e ai cittadini di intrattenersi con un conoscente sull'altro lato della strada e di entrare in tutta tranquillità in casa di un amico.

Solo un uso del marciapiede di questo tipo spiegherebbe, inoltre, un alto fenomeno. Anche se in epoca imperiale le facciate venivano comunemente dipinte di rosso e bianco, queste erano spesso usate come veri e propri spazi pubblicitari. È su di esse, per esempio, che trovavano posto i «manifesti» di propaganda elettorale (fig. 2): gli abitanti di Pompei, a volte interi gruppi di persone, proponevano ai loro concittadini maschi diversi candidati alle future magistrature della città. Anche se le donne non avevano diritto di voto capita, seppur raramente, di trovare nomi femminili, come «assistenti elettorali». I cosiddetti *tituli picti*, dipinti a pennello in rosso o nero, si distinguono anche per la loro tipologia: potevano essere brevi e stringati e consistere nel solo nome del candidato con l'aggiunta «raccomandato per le elezioni»; altri invece ne elencano in toni quasi epici le cariche ricoperte e naturalmente le qualità.

Generalmente le pareti iscritte venivano imbiancate subito dopo le elezioni, per far posto a nuove iscrizioni, il cui contenuto poteva ad esempio essere la pubblicizzazione di giochi circensi. Accanto alla segnalazione dell'avvenimento era di fondamentale importanza il nome del promotore nonché finanziatore dei giochi. Il manifesto conteneva inoltre informazioni – circa la durata e il numero degli animali e delle coppie di gladiatori – che davano la misura dell'impegno e della generosità del promotore.

Anche se la maggior parte delle pareti messe in luce durante le prime ricognizioni a Pompei, le cui iscrizioni erano ancora leggibili nel XVIII e nel XIX secolo, non venne documentata e risulta purtroppo perduta, i risultati degli scavi più recenti sembrano darcene una testimonianza attendibile. Considerando la finalità delle epigrafi, non sembrerà strano che si siano trovate specialmente sulle facciate degli edifici lungo le strade principali. I larghi marciapiedi permettevano di fermarsi tranquillamente davanti alle pareti, e i passanti potevano leggere in tutta tranquillità i nuovi annunci, forse aggiunti la notte prima. In quale altro posto di Pompei sarebbe stato possibile, dal momento che, foro e santuari a parte, mancavano vere e proprie piazze pubbliche, che avrebbero potuto accogliere la popolazione in occasione di assemblee o di annunci di vario genere?

Tuttavia, ad uno sguardo ormai abituato alle peculiarità dell'organizzazione del traffico interno non sfuggirà che in realtà esistevano alcune aree simili a piccole piazze. La loro genesi, però, non è mai stata studiata. Per quanto è possibile affermare tenendo conto solamente della situazione del 79 d.C., sembra che questi spiazzi si trovassero principalmente in corrispondenza di crocicchi o di alcuni allargamenti in determinati tratti delle strade principali. Anche davanti alle porte della città e immediatamente all'interno delle mura sono state individuate situazioni di questo tipo, per esempio presso Porta Ercolano o Porta di Stabia. Una volta entrati in città, ci si trovava, di fronte agli ingressi, davanti ad alcuni grandi cortili in cui era possibile lasciare gli animali da soma ed eventualmente anche i carri. Gli edifici limitrofi dovevano essere con ogni probabilità adibiti ad ostelli, destinati ai commercianti e agli artigiani. Spazi simili sono stati individuati in città davanti agli ingressi delle Terme del Foro e delle Terme Stabiane (pianta 5), oppure davanti all'ingresso del Foro Triangolare, l'antica zona di culto presso il quartiere dei teatri (pianta 3). Un'altra piazzetta simile si trovava in corrispondenza di un incrocio stradale della Altstadt, a nord del lupanare pubblico. In seguito all'arretramento di una facciata era venuto a crearsi un larghissimo marciapiede, sul quale fu eretto un piccolo locale. In seguito ad uno scavo, una parete di questo ha restituito un buon numero di resti di iscrizioni. I personaggi menzionati compaiono anche in altre epigrafi e dovevano abitare proprio lì intorno.

L'intimità di queste scene di strada, tutta da ricostruire, spiega anche in che modo un estraneo, poco esperto della città, poteva orientarsi al suo interno. La mancanza di una segnaletica stradale obbligava a chiedere in continuazione informazioni circa i nomi delle strade, che verosimilmente erano usuali solo nel linguaggio popolare. Ciò significa al tempo stesso che una penetrazione inosservata nei quartieri più interni della città era quasi impossibile. Serva da esempio un graffito dalle Terme Suburbane di Ercolano. Un tale Hermeros invita una certa Primigenia e la esorta ad andare a trovarlo a Puteoli, situata 20 chilometri più a nord. Giunto lì avrebbe dovuto farsi indicare il quartiere Timnianus, e da lì rivolgersi al cambiavalute Messius. Possiamo immaginarci che fosse un'esperienza piuttosto comune, in una città come Pompei, essere accompagnati a destinazione da un abitante del posto, magari anche da un bambino pratico dei vicoli e delle viuzze.

3. *Afflusso e deflusso: il rapporto con le acque*

Per secoli l'approvvigionamento idrico costituì un serio problema per gli abitanti di Pompei. Se non si voleva portare l'acqua da molto lontano, dal Sarno o dalle poche sorgenti sui pendii del Vesuvio, bisognava ricorrere a pozzi e cisterne. Il primo sistema denuncia una notevole bravura e perizia tecnica, se si considera che per la posizione di Pompei sul *plateau* l'acqua scorreva a grande profondità. Non lontano dalla Porta Ercolano, uno dei punti più alti della città, si trova un pozzo scavato per circa 35 metri. Quando finalmente venne realizzato l'acquedotto che fornì la città di acqua corrente – presumibilmente nel corso del I secolo a.C. – molti di questi pozzi furono abbandonati e usati come discariche per i rifiuti, fino al loro completo riempimento. Proprio per questo motivo oggi non ne conosciamo né il numero esatto né la distribuzione all'interno della città. I pozzi individuati nel corso degli scavi si trovano generalmente nei pressi di incroci stradali e con ogni probabilità dovettero essere pubblici. Un numero maggiore, però, sembra si trovasse all'interno di edifici, nei cortili o in aree a cielo aperto, le quali furono a volte racchiuse in un secondo momento all'interno di strutture. Non è ben chiaro chi provvedesse alla loro realizzazione e chi ne controllasse l'utilizzo. Non sappiamo, inoltre, se servissero unicamente ad un approvvigionamento di tipo privato o no.

Non meno importanti per l'approvvigionamento idrico in città erano le cisterne. Anche se già precocemente la loro acqua dovette essere usata quasi esclusivamente per irrigare i giardini, per abbeverare gli animali, per lavare i panni o le suppellettili domestiche, è altrettanto vero che quasi in tutti gli edifici fu realizzata almeno una cisterna. Se si tiene conto di ciò diventa chiaro quanto sia lacunosa la nostra conoscenza per quanto concerne l'organizzazione della distribuzione idrica della città, almeno fino all'età medio-repubblicana (II sec. a.C.), e dunque per i primi 500 anni della storia dell'insediamento. Ciò è dovuto anche al fatto che l'esplorazione delle cisterne comporta non pochi rischi: moltissime di queste infatti sono quasi completamente piene di pietra pomice (lapilli), terra e cenere vesuviana. La loro apertura per attingere l'acqua, infatti, si trova di regola negli atri o nei peristili delle case, e dunque a cielo aperto. C'è da fidarsi ben poco della stabilità delle loro pareti e delle loro volte, soprattutto quando, svuotate, non offrono più alcuna resistenza alla forza del terreno che spinge dall'esterno. Fino ad oggi l'esplorazione delle cisterne è stata trascurata dall'archeologia proprio per questo motivo.

Possiamo fare alcune prime considerazioni sull'approvvigionamento idrico di alcuni complessi architettonici più importanti solo in base a poche case studiate nel dettaglio. Oltre che nell'atrio e nel giardino le cisterne si trovavano spesso anche immediatamente sotto agli ambienti che si affacciano sulla strada. Nell'Insula Arriana Polliana (pianta 4: VI 6; pianta 6), che sembra essere un unico grande complesso, probabilmente nelle mani di un solo personaggio, e di cui si tratterà più ampiamente in seguito, si trovò un'enorme cisterna sotto la fila delle osterie (*tabernae*) che scandiscono la facciata. Con i suoi 30 metri si estendeva su tutta la larghezza dell'edificio. In almeno quattro delle sei botteghe sono state individuate delle aperture nel pavimento che permettevano di attingere l'acqua. La cisterna stessa presenta più camere, i cui muri divisori vengono a trovarsi esattamente sotto i muri portanti delle *tabernae*. Queste camere sono collegate fra loro in modo da fornire ogni *taberna* all'incirca della stessa quantità di acqua. La facciata, per la sua esecuzione in blocchi squadrati di tufo, sembra datare l'edificio, e dunque anche la cisterna, all'epoca preromana, cioè verso la fine del II secolo a.C.

Non molto più tardi, già nel corso del I secolo a.C., si realizzò un notevole miglioramento nel sistema di approvvigionamento idrico della città. Fu grazie alla realizzazione dell'acquedotto che Pompei fu fornita per la prima volta di acqua corrente. L'acquedotto prende l'acqua da una conduttura preesistente, ad est del Vesuvio presso Sentino, e la porta fino in città procedendo per ampi tratti sotto terra. Un'immagine molto chiara del funzionamento di una tale conduttura e della sua manutenzione, basata su dettagliate ricerche, ci viene proposta da Robert Harris nel suo recente romanzo su Pompei. L'acquedotto, costruito in muratura con le pareti rivestite di intonaco, era anche percorribile in modo da permetterne le pulizie e le riparazioni necessarie. Esso raggiungeva la città nel suo punto più alto, presso la Porta Vesuvio. All'interno della cinta muraria e dunque in corrispondenza della parte terminale dell'acquedotto si costruì allora un collettore aperto e di forma circolare per lo smistamento delle acque, il quale non doveva essere molto dissimile da un ninfeo, cioè un edificio sacro ad una ninfa. Da qui l'acqua veniva incanalata in fistule di piombo di un diametro fino a 30 centimetri. A causa della pressione dell'acqua molto alta, però, si resero necessarie diverse riparazioni nel corso del tempo.

Solo con gli interventi eseguiti al collettore verso la fine del I secolo a.C. si creò la possibilità di incanalare l'acqua in tre distinti condotti e di regolarne il flusso. L'architetto romano Vitruvio, vissuto nel I secolo a.C., aveva consigliato una tripartizione in senso gerarchico nella distribuzione delle acque, che prevedesse innanzitutto l'approvvigionamento idrico primario della popolazione, poi il rifornimento degli edifici pubblici e, solo da ultimo, la copertura delle esigenze private. Ultimamente però si tende a rifiutare questa tesi come modello per il *castellum aquae* di Pompei. Rimane tuttavia dubbio se la costruzione della struttura a copertura del collettore e gli ulteriori interventi si possano spiegare semplicemente con la volontà di distribuire l'acqua secondo criteri geografici. Indipendentemente dal modello proposto da Vitruvio è necessario continuare a chiedersi quali fossero i motivi che effettivamente spinsero a ristrutturare il *castellum aquae*.

La distribuzione dell'acqua avveniva attraverso un ben studiato sistema di *castella*, formati in genere da una vasca in cima a piccoli pilastri, ai margini delle strade (fig. 3). Come le fistule, anche i bacini erano di piombo. La loro collocazione in cima ai pilastri, alti fino a 6 metri, aveva almeno una duplice funzione. Da un lato, queste strutture permettevano all'acqua di salire almeno fino ai primi piani delle abitazioni più vicine. Dall'altro, fungevano da bacini per bilanciare la pressione, che solo così poteva essere tenuta pressoché costante in tutte le zone della città. A causa di una notevole pendenza, in alcuni tratti della città veniva a formarsi una pressione veramente notevole, che sollecitava in modo particolare gli elementi dei tubi in corrispondenza delle curve e le giunture dei singoli elementi. Una forte sinterizzazione caratterizza le crepe dalle quali fuoriusciva l'acqua. I *castella* facevano scendere la pressione a un livello costante, che anche in età imperiale era sufficiente ad alimentare le numerose nuove condutture private e i giochi d'acqua che sempre più spesso trovarono posto entro le case di abitazione.

L'approvvigionamento con acqua potabile, tuttavia, avveniva attraverso le fontane. È probabile che quelle più antiche fossero state costruite contemporaneamente all'acquedotto di Pompei. Sono formate generalmente da quattro grandi lastre di lava o di calcare, tenute insieme ai quattro angoli da grappe metalliche. Un foro vicino al suolo permetteva di svuotarle, e dunque di pulirle, e uno scolo nella lastra anteriore faceva cadere l'acqua in eccesso sulla superficie lastricata della strada. Un pilastrino forato, la cui parte alta presentava spesso una decorazione a rilievo, sormontava una di queste lastre ed era allacciato alla conduttura di piombo. Il continuo gorgogliare faceva presente in ogni momento a chiunque la ricchezza d'acqua di cui Pompei disponeva. Generalmente le fontane erano poste ai lati della strada, con il lato posteriore posizionato sopra il cordone del marciapiede. In questo modo era possibile far passare le condutture plumbee ben protette sotto terra fino alla fontana. La vasca vera e propria sporgeva dal marciapiede verso la strada e permetteva di attingere acqua da tre lati. Possiamo anche immaginare che chi abitava nei pressi di una fontana avesse la possibilità di usare il rialzamento del marciapiede per attingere più facilmente. Si notano, infatti, ancora oggi le tracce lasciate dai secchi sul lato posteriore delle fontane. È verosimile che i secchi pieni d'acqua venissero poi faticosamente portati fino al primo piano.

I magistrati preposti alla distribuzione dell'acqua non avevano solo il compito di garantire alla città il costante approvvigionamento con grandi quantità di acqua potabile, ma sorprendentemente anche l'equa distribuzione al suo interno di questo bene prezioso. Infatti, oltre al ragguardevole numero di 13 *castella* finora individuati, si creò anche una fitta rete di fontane, di cui se ne conoscono oggi ben 42. Generalmente, queste si trovavano in corrispondenza di crocicchi o delle già citate piazzole, ed erano raggiungibili in pochi passi. Degna di nota per il progresso tecnico dell'epoca è la scoperta effettuata in corrispondenza della biforcazione a sud di Porta Ercolano. Qui, il pozzo poté essere abbandonato solo dopo che si provvide alla sua sostituzione con una fontana.

In contrasto con l'enorme impegno con cui si perfezionò la distribuzione di acqua potabile, sembra che ci si occupasse solo saltuariamente del deflusso delle acque. Il fatto che la città sorgesse su un declivio aveva come conseguenza uno scolo naturale delle acque, così che non si pensò mai di realizzare un vero e proprio impianto fognario. Gli scarichi degli impluvi nelle case convogliavano l'acqua in eccesso sulla strada, da dove scorreva – insieme a quella delle fontane e di eventuali precipitazioni – lungo il cordone dei marciapiedi fino al limite sud della città. Il cordone del marciapiede faceva sì che questo non venisse raggiunto dall'acqua di scarico. Tuttavia si compie un errore se si cerca di calcolare l'altezza, e dunque la quantità dell'acqua di scarico, partendo dalla diversa altezza dei marciapiedi.

Solo in pochi punti della città sono stati individuati dei collettori che avrebbero convogliato l'acqua in un canale. Non lontano dal foro, sul lato est, all'altezza delle Terme Stabiane, in Via dell'Abbondanza si trova il sistema di scolo più conosciuto. È importante notare, però, che il canale non fu costruito appositamente per questo scopo, ma che si provvide solo all'allestimento di un canale secondario, che doveva immettere l'acqua nel più antico canale di smaltimento delle vicine terme.

Anche i committenti degli edifici limitrofi fecero uso di questo canale. È difficile stabilire il numero di canali derivati delle case adiacenti, ma questi attestano con certezza l'immissione di grosse quantità di feci e rifiuti delle case private nel canale pubblico. Non è ben chiaro se con o senza l'approvazione del funzionario competente. Certo è che non doveva essere la regola. La maggior parte delle latrine, infatti, disponeva di fosse biologiche che venivano di volta in volta svuotate da qualche malcapitato schiavo.

CAPITOLO SECONDO

GLI EDIFICI PUBBLICI

1. *L'ampliamento del foro come centro politico della città*

A chi si trovava a passare nel foro negli anni prima dell'eruzione, il centro politico ed economico di Pompei doveva apparire come un insieme di edifici diversi, vecchi e nuovi, ristrutturati o in attesa di restauri (fig. 4). Anche se il tempio maggiore, il *capitolium*, posto a nord, e la *porticus* che chiudeva la piazza ad ovest, a sud e ad est, dovevano trasmettere l'idea di un impianto chiuso, non poteva certo sfuggire, a chi guardava attentamente, l'eterogeneità degli edifici circostanti (pianta 2). Uno sguardo alla pianta della città ne svela subito alcune differenze nelle dimensioni e nell'orientamento, che fanno apparire la piazza come un complesso cresciuto progressivamente nel tempo. Il luogo di culto dedicato ad Apollo sul lato ovest è l'edificio più antico in questo settore. I resti di un muretto del tempio, di un altare e di una colonna votiva attestano la sua esistenza già a partire dagli inizi del VI secolo a.C. In questa fase dell'urbanizzazione di Pompei, progressivamente caratterizzata dall'influenza etrusca, il tempio era certamente il centro religioso dell'insediamento. L'edificio come lo vediamo oggi, con il suo orientamento a sud e la realizzazione del peristilio intorno al tempio, risale tuttavia solo alla metà del II secolo a.C. Soprattutto quest'ultimo intervento svela l'assimilazione di un'idea architettonica di stampo orientale, filtrata però attraverso l'esperienza di Roma. La somiglianza con aree santuariali della Capitale è così forte che è lecito pensare addirittura ad un tentativo di copiarne le strutture, che a loro volta si rifacevano ad un modello greco. Può sorprendere un po' la datazione dell'edificio. Verso la metà del II secolo a.C., infatti, la città era autonoma e il legame contrattuale con Roma

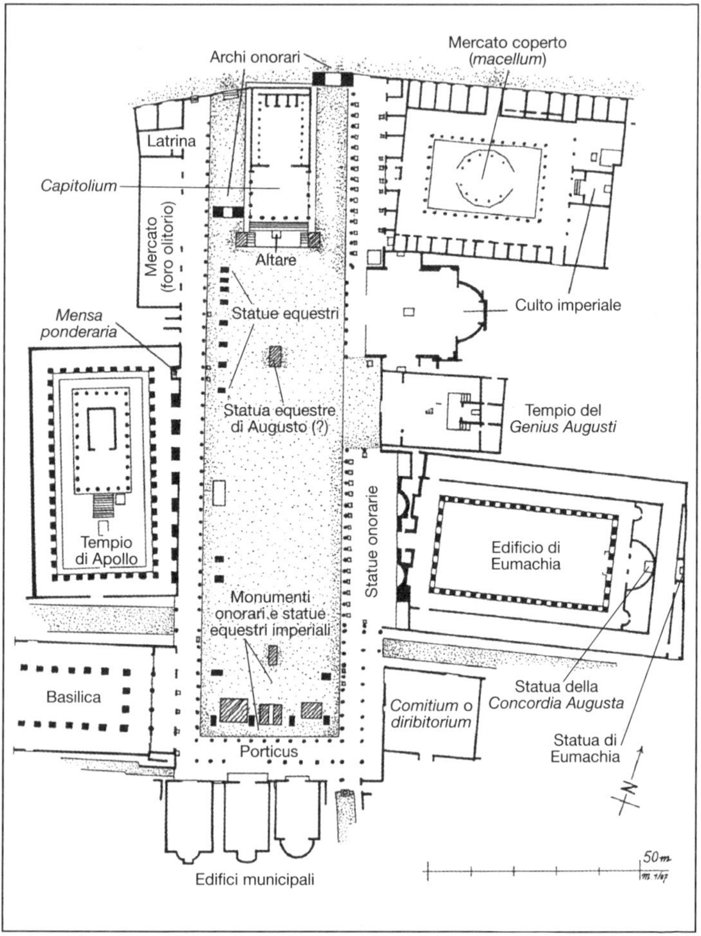

PIANTA 2. Il foro e gli edifici circostanti.

non ancora molto stretto. Non ci sarebbe insomma stato bisogno di un tale accostamento architettonico alla Capitale. Due generazioni più tardi le città italiche, fra cui anche Pompei, avrebbero condotto una guerra contro Roma, nel tentativo di ottenere finalmente il riconoscimento dello *status* di cittadini romani. Mentre per questo periodo ci mancano testimonianze scritte e letterarie che potrebbero attestare un certo legame politico di Pompei con Roma, l'evidenza archeologica non può non indurci a riflettere su quali potessero essere i motivi per questa volontaria autoromanizzazione da parte della città ancor prima di diventare colonia.

Un ulteriore indizio per questa inaspettata e precoce adesione al modello romano ci è stato fornito dalle indagini condotte nel Tempio di Giove. All'incirca contemporaneamente alla ristrutturazione del Tempio di Apollo si diede inizio, sul lato nord della lunga piazza, alla costruzione di un nuovo e molto più grande edificio di culto. Anche le sole dimensioni, oltre alla posizione assiale rispetto al foro, rivelano che si trattava della casa della nuova e ormai principale divinità cittadina. Diversamente dal Tempio di Apollo, la cui peristasi rimanda ad un modello greco, il progetto del nuovo tempio si rifà chiaramente ad esperienze italiche, caratterizzate da una forte frontalità, percepibile grazie ad un'ampia scalea d'accesso per superare la notevole altezza del podio, e grazie al pronao profondo. La sontuosità del tempio e di conseguenza la pretesa importanza del culto stesso non passavano certo inosservati. Anche al suo interno, nella cella, possiamo notare due file di colonne lungo le pareti. In fondo a questa si alza un grande podio tripartito che occupa tutta la larghezza, destinato alle immagini di culto. Come è stato dimostrato da mirate indagini, si tratta di una variazione del progetto originario, attuata solamente due o tre generazioni dopo la costruzione del tempio. Inizialmente l'edificio era dedicato unicamente a Giove, tuttavia sembra che durante il I secolo a.C. il culto sia stato esteso ad altre due divinità. È probabile che le due divinità fossero Giunone e Minerva, e che già da questo momento, dunque ancora prima della deduzione coloniale, si venerasse la triade capitolina sull'esempio di Roma. Sembra dunque che alla guerra sociale contro Roma sia anche preceduta una fase politica, in cui Pompei e probabilmente anche altre città sperarono di ottenere la cittadinanza attraverso l'introduzione di culti romani. La costruzione dei templi avrebbe dovuto rendere tangibile questa devozione. La crescente delusione davanti all'atteggiamento negativo di Roma portò all'insurrezione e alla guerra.

La cittadina di provincia fece mostra delle proprie possibilità anche in altri progetti monumentali nell'area del foro. Di fronte al Tempio di Apollo, a sud della Via Marina, si trova un enorme edificio a tre navate orientato in senso est-ovest. La pianta della grande sala coperta che presenta una costruzione a podio sul lato occidentale, il *tribunal*, corrisponde alle caratteristiche della basilica romana. Si tratta in sostanza di edifici con una serie di sale plurifunzionali che nel Foro Romano vennero costruiti a partire dalla fine del III secolo a.C. Purtroppo è possibile descrivere la loro funzione solo in modo vago e sommario. Probabilmente, le sale servivano sia per attività di tipo commerciale, sia per l'amministrazione della giustizia, soprattutto durante la stagione fredda. La basilica pompeiana sorse negli stessi decenni dei due templi sopra menzionati, dunque in un momento di grande prosperità. Per far posto a questa costruzione dovettero essere rasi al suolo diversi edifici, forse anche case private. Lungo il lato che dà sul foro sembra che sorgessero precedentemente delle botteghe, in analogia a quanto è attestato anche per l'altro lato lungo del foro. Stando alle fonti letterarie è possibile ricostruire una situazione analoga anche per il Foro Romano. Per la prima volta a Pompei furono qui usati ampiamente mattoni cotti per la costruzione di un edificio. Per quanto concerne le colonne scanalate fu addirittura realizzato appositamente un nuovo tipo di mattoni. Per dare alla costruzione grezza l'aspetto e la dignità tipici di un edificio pubblico di rappresentanza si provvide alla stuccatura delle pareti, delle colonne e dei capitelli. Lo stucco fu infine accuratamente lisciato e levigato. Con un bassissimo rilievo si tentò di imitare i muri in opera quadrata, che presentano grossi blocchi fino all'altezza del podio e diversi strati a questi sovrapposti. Questo tipo di pittura illusionistica, che si trova sovente anche nelle case d'abitazione, viene chiamata primo stile pompeiano, termine in uso in seguito alle ricerche sulla pittura parietale condotte da August Mau (1882). Un graffito tracciato nello stucco non lontano dall'ingresso nord della basilica menziona i consoli del 78 a.C., e colloca così la decorazione di primo stile nella fase preromana dell'edificio.

Non sappiamo quale fu il motivo per cui si costruì la basilica. Per poter essere un edificio con funzione amministrativa mancano, almeno nell'ottica di noi moderni, quegli spazi che comunemente ospitano gli uffici e l'archivio. Questi non sono mai esistiti nella basilica. L'*aerarium*, ovvero la cassa municipale, poteva verosimilmente essere custodito entro il podio del Tempio di Giove, accessibile da una piccola porta sul lato est. L'assenza di ambienti di servizio si spiega anche in virtù di quella tradizione secondo la quale un magistrato faceva udienza e prendeva le sue decisioni vincolanti proprio nel punto in cui aveva posizionato la sella curule (*sella curulis*, sedia pieghevole in metallo, simbolo del potere giudiziario). Ciò poteva avvenire nello spazio aperto del foro come anche all'interno della basilica, e in certi casi forse addirittura a casa sua. I servitori e gli scribi che lo accompagnavano avevano il compito di proteggerlo da cittadini troppo insistenti e molesti, e di mantenere intorno a lui un certo ordine. Un affresco dalla Villa di Giulia Felice che illustra una scena di vita nel foro ce ne fornisce un'idea.

I tre edifici sul lato meridionale del foro, invece, sembra siano stati utilizzati per l'archiviazione di atti giuridici e di contratti, o come sala per le assemblee dell'*ordo decurionum*, il consiglio municipale della città. La loro disposizione permette di ipotizzare che inizialmente fossero stati costruiti, tenendo conto dell'asse della piazza, solo i due edifici orientali. Anche questi devono esser stati eretti in epoca preromana e sono dunque cronologicamente vicini alla costruzione della basilica. L'edificio occidentale invece deve essere stato costruito più tardi, forse in concomitanza con la deduzione di Pompei a colonia, intorno all'80 a.C. Da iscrizioni in lingua osca siamo a conoscenza dei termini usati per indicare tre cariche: il *meddix tuticus*, l'edile e il questore. Se il *meddix* è identificabile approssimativamente con il moderno sindaco, gli altri due magistrati si occupavano delle opere pubbliche e dell'ordine, oppure amministravano la cassa municipale. Quando Pompei fu dedotta come colonia romana vennero poi introdotti i termini latini per indicare i due supremi magistrati preposti all'amministrazione della giustizia, i *duumviri iure dicundo*. Sia gli edili sia i questori vennero da allora in poi indicati con il termine *duumviri aediles*.

Sempre intorno agli stessi anni sorse, infine, il piccolo edificio nell'angolo sud-est, il cosiddetto *comitium*. Quest'identificazione presenta tuttavia qualche problema. Di per sé il termine indica il luogo per le riunioni delle assemblee cittadine. Per poter assolvere questa funzione, però, l'edificio sembra decisamente troppo piccolo. Sappiamo inoltre che in altre città del Lazio e della Campania tali assemblee si svolgevano sulla piazza del foro, dove avevano luogo anche le votazioni. Per questo motivo è stato proposto recentemente di interpretare l'edificio come *diribitorium*, il locale per lo spoglio dei voti. Il podio davanti alla parete sud poteva dunque essere riservato alle comunicazioni di carattere ufficiale. Questa costruzione tuttavia è importante per un altro motivo: il suo perfetto inserimento al centro di una serie di edifici dimostra che fu eretta al posto di alcune abitazioni precedenti. Come già ipotizzato nel caso della basilica, anche il *diribitorium* sottolinea ulteriormente la differenziazione funzionale data agli edifici del foro. Dalla realizzazione e strutturazione degli edifici risulta evidente che doveva trattarsi del centro politico della città.

Come abbiamo già avuto modo di vedere, l'intensa attività edilizia a patire dalla metà del II secolo a.C. ebbe come conseguenza l'accostamento lungo i bordi della piazza di edifici molto diversi. Se si tiene conto che questi presentano altezze anche molto diverse tra loro – dal *capitolium* alle sale a due piani del Tempio di Apollo e della basilica, ai più piccoli edifici municipali del lato sud fino a giungere alla fila di botteghe ad est – allora comprendiamo meglio la volontà di una nuova sistemazione volta a rendere più omogenea la piazza in quanto espressione della cresciuta consapevolezza dei propri mezzi da parte della cittadina. Verso il 100 a.C., infatti, si optò per la costruzione di una *porticus* su due piani che doveva fiancheggiare e chiudere tre dei quattro lati della piazza. Il ritrovamento di un'iscrizione latina proveniente da questo complesso, in cui però si usa ancora il termine osco per indicare il questore, colloca la fine dei lavori della *porticus* negli anni dopo la guerra sociale, ma ancora prima della deduzione coloniale. Con lo *status* di colonia, infatti, Pompei adottò anche la titolatura romana delle singole cariche.

Come le colonne delle aree sacre vicine, anche quelle del nuovo portico sono fatte di un tufo marrone-grigio proveniente dalla vicina Nuceria. Questo era facilmente lavorabile e veniva rifinito con uno stucco chiaro in modo da farlo assomigliare ad una roccia calcarea chiara o addirittura al marmo. Solo nell'arco dei lavori per la nuova sistemazione del foro all'inizio dell'età imperiale, nell'incipiente I secolo d.C. dunque, si sostituì la maggior parte di queste colonne di tufo con colonne calcaree più dure. Il piano superiore della *porticus* era raggiungibile da una scalinata a lato della basilica, e non serviva certo solo per le deambulazioni e come luogo dedicato allo svago e all'ozio. In questo periodo, in cui nessuna città in Italia disponeva ancora di un anfiteatro, i giochi e gli spettacoli gladiatorii si svolgevano generalmente nell'area del foro. Durante questi avvenimenti era proprio il piano superiore del portico ad offrire i posti migliori per assistere agli spettacoli. La decisione di risistemare la piazza, però, non aveva unicamente una motivazione estetica. Nascondendo gli edifici circostanti dietro la *porticus*, il foro di Pompei venne ad assomigliare maggiormente a quello di Roma, fiancheggiato anch'esso da diverse basiliche. L'intenzione non era solo quella di dimostrare il proprio potere economico ma anche quella di dichiarare a pieno titolo la propria *romanitas*.

Con le nuove costruzioni, tuttavia, mutò anche l'uso quotidiano del foro: è evidente che con l'erezione della *porticus* non era più previsto l'attraversamento del foro con carri. Sebbene le grandi ruote dei carri avessero permesso di superare i gradini fra la piazza e il portico senza troppi problemi, non c'è traccia dei solchi carrai che sicuramente si sarebbero formati. Anche gli accessi da nord, est e sud furono chiusi da diversi blocchi di calcare e da una fontana. Dopo averne fatto così una zona a traffico limitato si procedette, a distanza di alcuni decenni (probabilmente verso la fine del I secolo a.C.), a rivestire l'intera piazza con lastroni di calcare chiaro. Pochi frammenti di lastroni, con i solchi in cui vennero posate le grandi lettere bronzee, ci danno la certezza che anche il foro di Pompei fu fatto ristrutturare grazie all'intervento di un finanziatore privato, come ci è attestato ad esempio per i fori di Roma e di Terracina.

Grazie al riallestimento, il centro della città apparve in una luce decisamente nuova: ormai erano il *capitolium* e la basilica a dominare la scena. La chiusura al traffico dei carri ci deve far riflettere, però, se il foro fosse ancora usato per scopi commerciali oppure no. Alcuni indizi permettono di sostenere che al mercato e alle attività commerciali fossero destinate aree apposite già in epoca preromana. Al mercato del pesce e della carne (*macellum*) sembra fosse riservata un'area propria nell'angolo nord-est del foro già verso la fine del II secolo a.C. L'edificio dovette essere completamente rinnovato agli inizi del I secolo d.C., ma venne fortemente danneggiato dal terremoto del 62 d.C. e non fu mai più ricostruito completamente. Poiché dopo la definitiva distruzione del 79 d.C. fu sistematicamente spogliato dai saccheggiatori degli elementi marmorei, non è più possibile, oggi, farsi un'idea esatta dell'aspetto originario del *macellum*. Grazie agli scavi condotti in questo settore sappiamo tuttavia che già il primo impianto doveva unire l'attività commerciale all'esercizio di un culto, probabilmente quello di Mercurio. La divinità protettrice dei commercianti e dei negozianti ottenne poi, all'inizio dell'età imperiale, un nuovo spazio per il culto. Furono qui trovate due statue, non ancora identificate, di una donna nelle vesti di sacerdotessa e di un uomo interpretato comunemente come soldato. Dovrebbe trattarsi dei due cittadini che finanziarono l'ampliamento del foro.

Abbondanti ritrovamenti di lische e di ossa animali da questo settore attestano un'attività legata al commercio di carne e pesce. Dalle botteghe (*tabernae*) provengono inoltre resti di frutta, di granaglie e di diversi prodotti da forno, e sulle pareti, non ancora completamente restaurate, le nature morte illustrano un buon repertorio di frutti mediterranei. Per questo motivo l'edificio è stato letto anche come una specie di mercato alimentare.

Un secondo mercato si trovava a nord-ovest, nell'angolo opposto, a nord del Tempio di Apollo. Questo serviva probabilmente al commercio di verdura e di vari prodotti di uso quotidiano e viene comunemente indicato col termine di *forum holitorium*. Alla prima fase di quest'area di carattere commerciale è riferita la cosiddetta *mensa ponderaria*, cioè una tavola per verificare la conformità alle misure standard di capacità, che conserva ancora i resti di un'iscrizione in lingua osca. La successiva iscrizione in latino, che chiama in causa i due maggiori funzionari di Pompei, fa riferimento all'introduzione di una riforma augustea e ad un processo di standardizzazione delle unità di misura. Con l'aiuto della *mensa ponderaria* sia i clienti sia i magistrati competenti potevano controllare l'utilizzo di misure valide da parte dei negozianti. Anche questo edificio, oggi usato dalla Soprintendenza come magazzino – uno sguardo da fuori attraverso la cancellata conviene sempre –, non era ancora terminato nel 79 d.C. La nuova lunga sala doveva aprirsi verso il portico del foro. Alla massa di gente che giornalmente si recava al foro fu poi offerto un ulteriore servizio: subito a nord di questo impianto si trovava l'unica latrina pubblica della città, eccezion fatta per quelle presenti nelle terme.

Mentre l'intensa attività edilizia toccò pressappoco tutti i lati del foro, le botteghe del lato est furono risparmiate e non vennero né acquistate né toccate da nuovi progetti edilizi. Ciò si spiega forse col fatto che le *tabernae* erano inglobate nelle facciate delle grandi abitazioni, le *domus*, e facevano dunque parte di proprietà privata. La posizione di queste *domus* direttamente presso il foro indica l'importanza di queste famiglie all'interno della città. Lo stesso vale anche per Roma, dove il fenomeno è ben attestato dalle fonti letterarie. È verosimile che i proprietari cercassero di mantenere questo spazio abitativo quanto più a lungo possibile. Solo con l'inizio dell'età imperiale fu abbandonata l'ultima di queste *domus* per giungere ad una sostanziale risistemazione dell'area. I due edifici più settentrionali, un santuario in onore della casa imperiale e il Tempio del *Genius Augusti*, erano certamente luoghi di culto. All'impianto meridionale invece è stata attribuita – erroneamente, come si vedrà – una funzione commerciale.

Questo edificio, finanziato dalla prima sacerdotessa della città, Eumachia, presentava la facciata più sontuosa fra tutti gli edifici affacciati sul foro. Da due iscrizioni trovate nel portico che immette nel foro e presso l'entrata laterale da Via dell'Abbondanza, si evince che Eumachia, a nome suo e di suo figlio, aveva fatto erigere a proprie spese l'intero edificio dedicandolo alla divinità imperiale della *Concordia* e della *Pietas* (*Concordiae Augustae Pietati*). È interessante notare come le iscrizioni ricordino alcuni singoli elementi dell'edificio, come il *chalcidicum*, la *crypta* e la *porticus*, senza però mai menzionare il nome con cui veniva identificato l'intero complesso. Sebbene gli archeologi siano quasi unanimi nel riconoscere in questi termini il vestibolo, la galleria coperta e i portici, rimane pur sempre qualche difficoltà nell'interpretare la struttura nel suo insieme. Per quanto riguarda la pianta è giustamente stata sottolineata la somiglianza con un importante edificio di Roma, la *Porticus Liviae*. Stando al poeta Ovidio, anche quest'ultima era stata dedicata alla *Concordia*. L'edificio di Eumachia sembra dunque avere adottato alcuni elementi formali riconducibili all'architettura della Capitale. Anche la facciata con il suo impegnativo prospetto scandito da nicchie che riprende elementi del foro di Augusto a Roma, l'abside principale con la statua della *Concordia Augusta* ivi trovata e i resti di alcune basi di statue davanti alla *porticus* meridionale ci spingono a non interpretare l'edificio come mercato coperto né ad attribuirvi attività di tipo secolare. Contro questa ipotesi depongono anche l'abside principale e la statua della *Concordia Augusta* lì ritrovata, oltre ai resti di basi di statue davanti alla *porticus* meridionale.

L'interpretazione secondo cui l'Edificio di Eumachia doveva essere una sorta di mercato della lana, suggerita dalla presenza di una statua dedicata dai *fullones*, cioè i tessitori della lana, è destinata a cadere, esattamente come l'ipotesi recentemente avanzata che si trattasse del mercato degli schiavi. L'idea che gli schiavi fossero tenuti prigionieri nel criptoportico (*cryptoporticus*) e che venissero portati all'esterno per essere venduti all'asta è priva di ogni fondamento. Se non si vuole rinunciare a vedere una finalità di tipo commerciale almeno in certe parti dell'edificio, allora si può pensare – nonostante la facciata particolarmente ricca – a uno svolgimento di aste nel portico, la cui eccezionale profondità e la presenza dei due podi laterali con una scalinata d'accesso bene si addicono ad un uso di questo genere. Ma anche questa supposizione non sembra reggere. I podi entro la stupenda facciata sembrano decisamente più adatti ad accogliere discorsi di vario genere, per esempio in occasione delle feste in onore della *Concordia*.

Osservando i continui riferimenti a costruzioni romane di cui per fortuna conosciamo meglio la genesi, è possibile datare in modo abbastanza convincente l'edificio, che deve essere sorto negli anni immediatamente successivi al 2 d.C., e non dopo il 20 d.C.

La dislocazione e la concentrazione delle attività economiche in apposite aree e la rivalutazione della piazza del foro insieme alla disposizione degli edifici a raggiera iniziarono dunque già in epoca preromana, ma furono portati a termine solo nella prima età imperiale, dopo una lunga pausa. Questa prolungata attività edilizia, ma anche la multifunzionalità del centro cittadino, determinarono quella vitale eterogeneità del complesso architettonico che caratterizzò l'aspetto della città fino agli istanti prima dell'eruzione. Dal confronto con gli edifici più antichi emergono chiaramente, grazie alle facciate in marmo, i monumenti di epoca imperiale dell'ala orientale. Sebbene oggi non si veda quasi più niente di tutto ciò – anche se è vero che ad uno sguardo allenato non sfuggiranno i buchi per l'infissione delle lastre di rivestimento, disposti regolarmente sulle pareti – ciò non è da ricondurre alla mancata ristrutturazione dopo il terremoto, bensì alla sistematica depredazione dei lastroni subito dopo l'eruzione. Negli anni precedenti all'eruzione il foro non aveva certo un aspetto desolato: esso rimaneva il centro politico della città. Le statue, che nel frattempo erano state erette nuovamente in onore di cittadini benemeriti e di parenti della casa imperiale, furono preda di saccheggiatori che ben si sapevano orientare nel foro e che riuscirono a scavarsi dei passaggi entro gli strati di cenere che in questo punto non erano molto spessi.

2. *Fra culto ufficiale e religiosità individuale: santuari e altari*

Anche dopo la risistemazione del foro nel II secolo a.C. e dopo l'erezione del Tempio di Giove per la nuova divinità cittadina, il santuario di Apollo rimase una delle aree di culto più importanti. Ciò è confermato anche dal fatto che rimasero agibili i tre ampi passaggi al foro (chiusi però in età moderna) che in un primo momento erano stati proprio gli accessi principali al santuario (pianta 2). Non molto tempo dopo la sua costruzione il tempio ottenne una nuova ricca pavimentazione, un altare e una

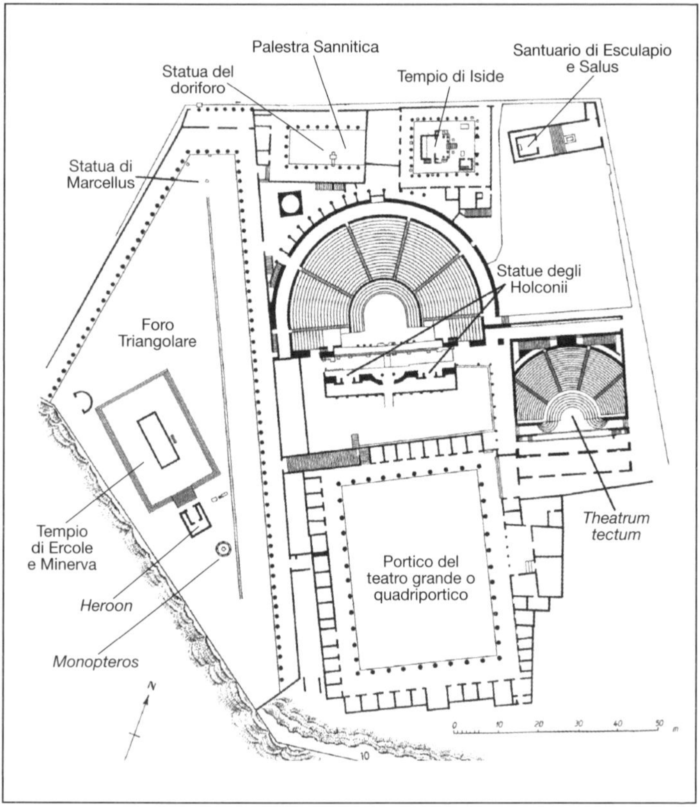

PIANTA 3. Il quartiere dei teatri con il Foro Triangolare, la Palestra Sannitica, il Tempio di Iside e il santuario di Esculapio e Salus.

nuova scalinata. Il parallelismo con la larga scalinata e con il grande altare del *capitolium* ci fa pensare che alcune forme del culto, come ad esempio il sacrificio sotto il frontone e il successivo ingresso nella cella del tempio, fossero assimilate al culto della triade capitolina del tempio principale. Una serie di offerte da parte di privati, inoltre, confermerebbe l'incessante popolarità del santuario di Apollo che perdurò fino all'età imperiale. Oltre alle famose statue di Apollo e di Diana, facevano parte dell'arredo sacro del tempio anche due erme, una di Mercurio e una probabilmente di sua madre, Maia, come pure una meridiana della prima età imperiale eretta davanti all'edificio.

Analoghe constatazioni si possono fare anche per il santuario dedicato ad Ercole e a Minerva, il secondo per antichità, sorto anch'esso agli albori dell'insediamento (pianta 3). Questo santuario si trovava fuori dal nucleo più antico, non lontano dai limiti sud del *plateau*, su un costone lavico di forma più o meno triangolare, a ridosso delle ripide pendici. Proprio dalla sua forma deriva il nome moderno di Foro Triangolare. In questo punto era stato eretto già nel VI secolo a.C. un tempio dorico di cui oggi rimangono solo le fondazioni. La sua posizione marginale faceva sì che potesse essere visto anche da grande distanza, soprattutto dal mare. Esso presentava in facciata un numero dispari di colonne, e cioè sette, fatto abbastanza inusuale per i templi antichi. Ciò può essere spiegato con la presenza di un culto doppio, per due divinità distinte.

Nella sua cella esistevano due basi separate, per altrettante immagini di culto. Sono probabilmente identificabili come Ercole e Minerva anche le divinità rappresentate su alcune antefisse fittili provenienti dal tetto dell'edificio. La loro datazione al 300 a.C. testimonia un importante restauro del tempio in questo periodo. Per quanto riguarda la divinità femminile si tratta con ogni probabilità di Minerva, identificata sulla base dell'elmo. Questo dato viene confermato dalla presenza di un'iscrizione osca dipinta su una parete non lontana dal santuario. L'altra divinità è verosimilmente Eracle, raffigurato su una lastra a rilievo pertinente alla decorazione templare. La colonna centrale della fronte del tempio separava, forse, due distinti ingressi alla cella, uno per ogni divinità.

Per il resto, conosciamo meglio la storia di questo santuario solo a partire dalla fine del II secolo a.C. Ad attirare la nostra attenzione è soprattutto un pozzo all'interno di un tempietto rotondo (*monopteros*) coperto da cupola. Da un'iscrizione in lingua osca risulta che la sua costruzione è stata promossa da un *meddix*. In analogia ad altre situazioni è stato supposto a ragione che l'area avesse una funzione oracolare, una prova ulteriore dell'antichità del santuario. All'incirca contemporaneamente all'erezione del *monopteros*, il Foro Triangolare fu arricchito di un ingresso monumentale a nord e di due portici che facevano da cornice ai due lati lunghi della piazza. Alla venerazione dell'eroe

Ercole era forse destinata anche un'area quadrangolare recintata antistante il tempio. Questa viene comunemente identificata come *heroon* (monumento sepolcrale dedicato ad un eroe), ed è stata collocata cronologicamente intorno alla data di nascita della colonia (dopo l'80 a.C.).

Di epoca imperiale sono invece una panchina semicircolare e una meridiana, iniziative dello stesso *duumvir* che insieme al suo collega aveva promosso la costruzione dell'orologio solare davanti al Tempio di Apollo. Proprio presso l'ingresso il consiglio municipale fece erigere su un alto piedistallo una statua dedicata a un certo Marcellus, nipote di Augusto e patrono della città (*patronus coloniae*).

Nelle immediate vicinanze, a nord del teatro, si trovava il santuario della dea Iside (pianta 3). Il tempio fu scavato insieme al teatro negli anni '60 dell'800: all'epoca era uno dei primi edifici pubblici di Pompei ad essere noto. La sua fama è dovuta soprattutto al discreto stato di conservazione degli affreschi ed al fatto che l'area fosse destinata ad un culto egizio. Subito dopo la sua scoperta attirò l'attenzione e la curiosità di molti intellettuali europei e contribuì non poco a quel fascino per l'Egitto che caratterizzò i decenni seguenti. È proprio in questo clima che nasce *Il flauto magico* di Mozart del 1791, uno dei momenti più alti di questa corrente. Quarant'anni più tardi sarà Edward Bulwer-Lytton a mettere al centro del suo già citato romanzo, *Gli ultimi giorni di Pompei*, il culto di Iside e il suo sacerdote.

A differenza delle altre divinità sopra menzionate, il culto di Iside si affermò in città solo nel corso del II secolo a.C., ben più tardi dunque rispetto alla nascita dell'insediamento. Gli elementi architettonici in tufo provano tuttavia che il santuario (Iseo) sorse al più tardi, verso la fine del II secolo. A causa delle successive ristrutturazioni però non è più possibile farsi un'idea esatta del suo aspetto originario. È certo però che nella sua prima fase il santuario disponesse almeno della medesima *porticus*, non però dei molti ambienti annessi del periodo successivo. Indipendentemente da tutto ciò, allo stato attuale degli studi, l'Iseo di Pompei dimostra l'adozione di culti stranieri già in epoca preromana, ed è così sicuramente da annoverare fra i più antichi complessi di questo tipo in Italia.

Gravemente danneggiato dal terremoto del 62, il santuario ebbe maggior fortuna di molti altri edifici di culto e fu immediatamente ricostruito e ridecorato. Il tempietto accoglieva non solo le immagini di culto di Iside e di Serapide, ma anche le statue di Harpokrates e Anubis, collocate in due piccole nicchie. Da un edificio posto nell'angolo sud-est del cortile porticato si accedeva ad un ambiente sotterraneo, in cui si trovava una giara piena di acque del Nilo, indispensabili per i riti di purificazione.

L'arredo di questa singolare area sacra, però, corrispondeva a quello di un tipico santuario romano. Lungo le pareti della *porticus* si trovavano diverse nicchie, basi di statue ed erme, ivi collocate con il permesso dei notabili della città. Oltre alle statue di Venere e di Iside si è conservata anche l'erma dell'attore Norbanus Sorex, di cui esisteva un secondo esemplare nell'Edificio di Eumachia. Alcune iscrizioni attestano che, fra tanti promotori di modeste origini, fu soprattutto un ramo di liberti dell'antica famiglia dei Popidii insieme ai propri parenti ad essersi reso particolarmente benemerito per quanto concerne la sistemazione interna del tempio. Un Popilius Ampliatus dedicò una statuetta di Bacco che fu collocata in una nicchia sul lato posteriore del tempio, mentre la pavimentazione della sala più importante venne rinnovata in nome di sua moglie e dei suoi due figli. Alcuni ritrovamenti sembrano inoltre alludere alla pratica di banchetti rituali. Alcune pitture in quarto stile di tema mitologico, coeve ai lavori di ristrutturazione del complesso, mostrano scene del mito di Io in Egitto, mentre sul lato posteriore della parete fu trovata una base su cui poggiava una statua di Iside in marmo e legno più grande del naturale.

Sopra l'ingresso principale dell'area sacra si leggeva un'iscrizione, oggi restaurata, che attribuiva la costruzione dell'edificio al giovane Numerius Popidius Celsinus, di sei anni, che fece ricostruire il Tempio di Iside, all'epoca ridotto in macerie dal terremoto. Come ringraziamento sembra che sia stato accolto immediatamente nel consiglio municipale della città. Retroscena di questo anomalo ma molto significativo episodio è la condizione di liberto del padre, cioè di schiavo affrancato. Solo a suo figlio dunque sarebbe stato permesso di godere dei pieni diritti di cittadino romano. Così, proprio per assicurargli una buona carriera politica e un certo prestigio all'interno della società, il padre fece rinnovare il santuario ufficialmente in nome di suo figlio.

Che cosa avesse determinato la scelta del luogo per l'Iseo presso il teatro non è dato saperlo. Tuttavia, il ritrovamento di un tempietto nelle immediate vicinanze, a ridosso della Via Stabiana, dimostra quanto potesse essere difficile l'integrazione di culti stranieri all'interno della città (pianta 3). Fa smentire l'attribuzione a Zeus Meilichios, a lungo sostenuta, il ritrovamento, nella cella del tempio, di una statua che indurrebbe a ritenere che il santuario fosse dedicato ad Esculapio e a Salus. Il culto delle divinità salutari era stato introdotto a Pompei probabilmente verso gli inizi del I secolo a.C., forse su iniziativa di un gruppo di nuovi coloni. Avvalora quest'ipotesi la posizione del tempio entro una striscia marginale ad est della zona dei teatri, in cui fu inserito, seguendo un asse parallelo al tempio, anche il piccolo teatro per i coloni. Il modestissimo Tempio di Esculapio, quasi soffocato dalle case più antiche circostanti, sembra aver goduto di grande fortuna, come conferma la presenza di diversi altari. Le immagini di culto in terracotta, conservate fino in età imperiale, testimoniano piuttosto chiaramente che i membri di questa comunità religiosa non appartenevano certo alle classi più abbienti.

La fondazione del Tempio di Venere subito ad ovest della basilica, in prossimità del ripido pendio nell'angolo sud-occidentale dell'abitato, illustra benissimo quale fosse la differenza nel caso in cui il promotore fosse un personaggio importante. La fondazione del santuario è da mettere in rapporto molto probabilmente con la deduzione di Pompei a colonia (*Colonia Cornelia Veneria Pompeianorum*), ad opera di Publius Cornelius Silla, nipote del dittatore Silla. Essa è dunque databile intorno all'80 a.C. L'area su cui sorse il santuario, sul terrazzamento a sud-ovest della città che permetteva un'ampia veduta del mare e delle isole, non era certo rimasta inutilizzata fino alla costruzione del nuovo edificio. Dopo la sconfitta di Pompei ad opera dei romani, l'abbattimento delle mura cittadine in questo settore e la probabile confisca delle terre ai

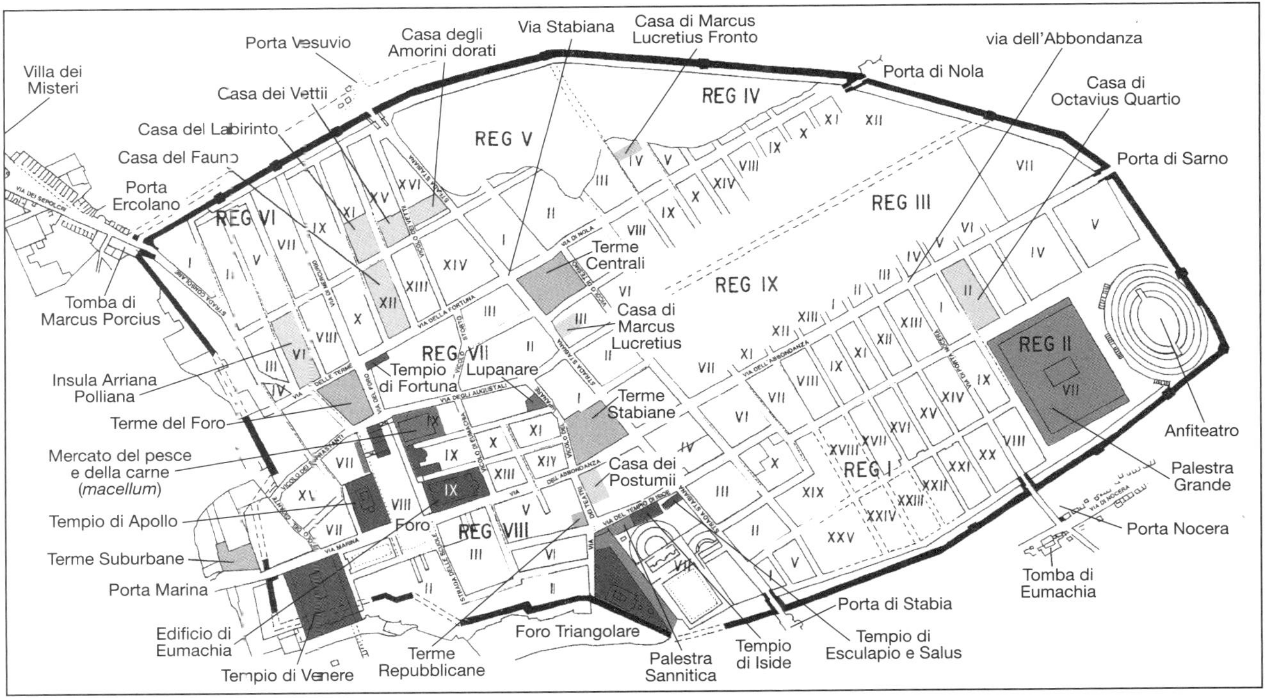

PIANTA 4. Pianta della città con contrassegnati i santuari, gli edifici pubblici e le case d'abitazione menzionate nel testo.

danni dei vecchi proprietari non deve certo aver comportato un grosso problema.

Quasi più nulla è riconoscibile del primo impianto, che subì diversi interventi all'inizio dell'epoca imperiale e fu poi pesantemente danneggiato dal terremoto del 62. Al momento dell'eruzione del Vesuvio la nuova ristrutturazione non era ancora conclusa, e ciò incoraggiò probabilmente i saccheggiatori ad asportare una buona parte degli elementi marmorei.

Possiamo tuttavia fare alcune osservazioni: il tempio si ergeva su un ampio terrazzamento artificiale, costituito da una serie di volte portanti, direttamente sopra il porto. Queste costruzioni furono usate come una sorta di «ufficio commerciale» e come magazzini. La terrazza raggiungeva le ragguardevoli dimensioni di 67 × 55 metri. Al suo centro, spostato leggermente verso nord, si ergeva il tempio, solo di poco più piccolo del *capitolium*. Analogamente ad una serie di santuari terrazzati di epoca tardo-repubblicana nell'Italia centrale, anche questo terrazzamento era circondato su tre lati da portici.

La Venere qui adorata, protettrice personale di Silla, divenne anche la nuova patrona della città. Come è stato ribadito da Filippo Coarelli, a questo nuovo culto si aggiunse anche quello vecchio di *Venus Fisica*, una divinità che ha le sue origini nella dea sannitica *Mefitis*. Diversamente dalla Venere greca, dea dell'Amore e della Fertilità, questa era venerata come garante dei contratti. Solo tenendo conto di questa tradizione riusciamo a comprendere il modo un po' inusuale di raffigurare la Venere pompeiana. Essa appare vestita di una lunga tunica e mantello, con diadema e scettro, ad indicare che era lei la divinità regnante sulla città.

Per quanto concerne propriamente il culto, questo si trasformò assai poco nei primi decenni di vita della colonia. Un cambiamento si notò solo con l'inizio dell'età imperiale. I nuovi edifici, sorti dopo l'inizio del regno di Augusto, furono quasi tutti costruiti nelle vicinanze del foro, e servivano prevalentemente a scopi cultuali (pianta 2).

A questo punto dobbiamo tornare a parlare brevemente degli interventi edili nella parte orientale del foro e dell'interpretazione dell'Edificio di Eumachia, a cui abbiamo già fatto cenno. In contrasto all'ipotesi, tuttora sostenuta, per cui l'edificio avrebbe avuto una funzione di tipo economico, si è qui preferito considerarlo un complesso di carattere politico-religioso. Nella sua dedica alla *Concordia Augusta* possiamo riconoscere senza dubbio anche una forma di venerazione dell'imperatore.

Lo stesso può dirsi dell'edificio immediatamente adiacente sul lato nord, il cui ingresso un tempo doveva essere abbellito da quel fregio con decorazione a viticcio che dal 1934 è impiegato come ornamento del portale dell'Edificio di Eumachia. La sua identificazione, ampiamente accettata, come tempio del *genius* imperiale, il *Genius Augusti*, si fonda su un'iscrizione, purtroppo conservata solo parzialmente. Questa ricorda come promotrice dell'opera la sacerdotessa Mamia, che avrebbe fatto erigere il tempio con mezzi privati su un suolo di sua proprietà. Soprattutto quest'ultimo dato ci suggerisce che nello stesso punto doveva forse sorgere in precedenza una *domus* della famiglia dei Mamii.

La costruzione del nuovo luogo di culto è da mettere in relazione alla riforma del culto dei Lari a Roma, ed è dunque databile agli anni immediatamente successivi al 7 a.C. Probabilmente fu dunque eretto poco prima dell'Edificio di Eumachia. Se le cose stanno così, il Tempio del *Genius Augusti* sarebbe il primo edificio sul lato orientale del foro ad essere stato costruito su iniziativa privata.

Osservando il vicolo a sud (pianta 4), che funge da confine fra l'Edificio di Eumachia e l'area del *Genius*, appare chiaro che la posizione del tempio venne influenzata in modo determinante dalle strutture precedenti. Il nuovo edificio interruppe il percorso della stradina e bloccò così anche uno degli antichi accessi al foro. Ciò contribuì, insieme alla posizione centrale del tempio sul lato est, ad esaltarne l'importanza. La nuova struttura in onore del *genius* imperiale si trovava esattamente di fronte al santuario di Apollo, antica divinità protettrice, che continuava a godere di una grande popolarità.

Grazie ad indagini mirate ad opera di Amedeo Maiuri, sappiamo che all'inizio dell'epoca imperiale l'area non doveva avere un aspetto molto diverso da quello dopo il 62 d.C. Al centro del cortile era posto un altare in marmo decorato a rilievo, che insieme ad una scena di sacrificio mostrava gli attributi dei più importanti collegi sacerdotali romani. Le pareti erano scandite da lesene, mentre gli spazi fra queste erano coronati alternativamente da timpani lunati e triangolari. Esattamente la stessa sequenza si trova nell'Edificio di Eumachia, sulle facciate esterne nord, est e sud. I due edifici, cronologicamente molto vicini ed entrambi destinati ad accogliere il culto dell'imperatore, furono assimilati anche nel loro aspetto esteriore.

Lo spazio fra il Tempio del *Genius* e il *macellum*, non ancora edificato, fu occupato da un'ulteriore area di culto, di cui, però, non conosciamo né l'esatta funzione, né il termine usato per indicarla. Ciò è dovuto anche alla sistemazione un po' disorganica dell'area. Come in tutte le strutture del lato est, anche in questa l'ingresso, il cortile che forse ospitava un altare, e una base di statua posta in una nicchia in fondo al catino absidale, erano allineati esattamente lungo l'asse longitudinale dell'edificio. Si aggiunga che il culto dell'imperatore o di tutta la sua famiglia poteva assumere forme molto diverse: poteva, per esempio, essere praticato attraverso la venerazione di un Genio. Poiché non ci sono pervenuti né iscrizioni né l'arredo del tempio, non abbiamo la certezza di trovarci di fronte ad un culto imperiale. Se richiamiamo alla memoria il ritrovamento di un sacello nell'area del *macellum*, allora non può sfuggirci che tutti gli edifici del lato est del foro ospitavano il culto o dell'imperatore o delle divinità che comunemente si associavano alla casa imperiale.

La necessità di dimostrare pubblicamente questa forma di lealtà verso il *princeps* era sentita molto forte dalle famiglie di Pompei, soprattutto all'inizio dell'età imperiale. E Pompei non era certo un caso isolato. Sorse così, contemporaneamente agli altri edifici, anche un tempio dedicato alla *Fortuna Augusta*, posto solo pochi metri più a nord, immediatamente fuori dal foro in corrispondenza del trafficatissimo incrocio fra l'antica Via di Mercurio e l'importante Via della Fortuna (pianta 4). Anche questo edificio era frutto di un'iniziativa privata, quella di Marcus Tullius che lo fece erigere su un proprio terreno ed a proprie spese. Il nostro personaggio era un uomo stimato, portava il titolo onorario di *tribunus militum*, ed evidentemente aveva tutto l'interesse che la sontuosità dell'edificio rimediasse in un certo modo alla sua collocazione esterna al foro. Il ricco tempio italico in marmo, eretto su un alto podio, con un profondo pronao dotato di un elevato numero di colonne, svettava sugli altri edifici. Il suo prospetto, accentuato dall'assenza di uno spazio antistante che avrebbe permesso di vederlo da una certa distanza, doveva avere un impatto davvero imponente. Il culto della dea Fortuna era praticato soprattutto da schiavi e liberti. Il termine per indicare i responsabili del culto, i *ministri Fortunae Augustae*, ci è tramandato grazie ad alcune iscrizioni. Oltre alla tradizionale venerazione nei *macella* di Mercurio come divinità protettrice dei commercianti e dei negozianti, anche qui ci troviamo di fronte ad un ulteriore santuario la cui funzione era fondamentalmente quella di integrare e far prendere parte al culto imperiale anche gli strati sociali più bassi e di consolidare così la *concordia* del popolo romano – soprattutto in memoria della guerra civile contro Marco Antonio e Cleopatra.

Il culto per le antiche divinità della città e la venerazione della famiglia imperiale non erano tuttavia le uniche forme di religiosità a Pompei. Si tornerà più avanti a parlare dei luoghi dedicati al culto nelle case private. Con un occhio di riguardo ai culti di carattere pubblico bisogna qui menzionare innanzitutto un gruppo di monumenti non ancora indagati e studiati dall'archeologia in modo sufficientemente approfondito. Si tratta dei piccoli altari che si trovano prevalentemente in corrispondenza degli incroci della città, sotto forma di nicchie, o anche solo più semplicemente dipinti sulle pareti. I sacelli e le basi in pietra, eretti già in antico in modo un po' frettoloso, hanno goduto di poca attenzione, e gli eventuali restauri moderni sono stati piuttosto sommari. In alcuni casi, però, i resti della decorazione pittorica ci mostrano scene di sacrificio o di processione. Ciò ha fatto pensare ad una pratica del culto limitata ad una cerchia di persone appartenenti ad un piccolo vicinato. Questi modesti sacelli servivano di regola al culto dei *lares compitales*, divinità protettrici dei crocicchi e di interi quartieri, chiamati in causa anche per questioni di salute individuale o per la protezione delle proprietà private.

Nella loro distribuzione entro lo spazio cittadino risultano delle grandi lacune, forse dovute all'insufficiente documentazione dei primi scavi e alla parziale perdita degli affreschi verificatasi nel frattempo. Nei settori meglio documentati, per esempio nelle *regiones* I e II a sud-est, se ne segnala una forte concentrazione, per cui è giustificata l'ipotesi che si trattasse di un culto «di quartiere» o di un culto praticato nel vicinato. Pur non riuscendo a cogliere meglio le pratiche di culto, possiamo qui riconoscere diversi aspetti di questa religiosità strettamente locale. Queste lasciano intravedere non solo un tipo di partecipazione topograficamente limitato, ma anche la distanza da quella sfera in cui si collocava l'élite cittadina nel promuovere forme di venerazione e di culto che fossero degne della casa imperiale.

3. *Dall'esercizio fisico alla cura del corpo*

La questione relativa all'aspetto e alla datazione dei più antichi bagni di Pompei ha scatenato le diatribe degli studiosi per decenni. La nascita delle Terme Stabiane nel VI o al più tardi nel V secolo a.C. (pianta 5), più volte sostenuta, è in lizza con la costruzione apparentemente contemporanea di un bagno ad Olimpia, e rivendica così il titolo di più antico impianto termale europeo. Con buona pace delle due parti, entrambe le datazioni sono da rivedere e da abbassare di molto.

È certa però l'esistenza, proprio dove più tardi sarebbero sorte le Terme Stabiane, di un più antico bagno a semicupio. Le vasche di terracotta, collocate singolarmente in alcune piccole celle, avevano una parte più alta su cui sedersi, e una più bassa per poggiare i piedi. Per versarsi addosso l'acqua erano necessari dei recipienti che venivano usati come una specie di attingitoio. La posizione di questo bagno fuori dal perimetro della città vecchia fa pensare che l'impianto fosse sorto non prima del III secolo a.C. (pianta 4).

Solo alcune generazioni più tardi fu eretto nello stesso punto il primo grande complesso termale della città. Va detto da subito, però, che non si trattava semplicemente

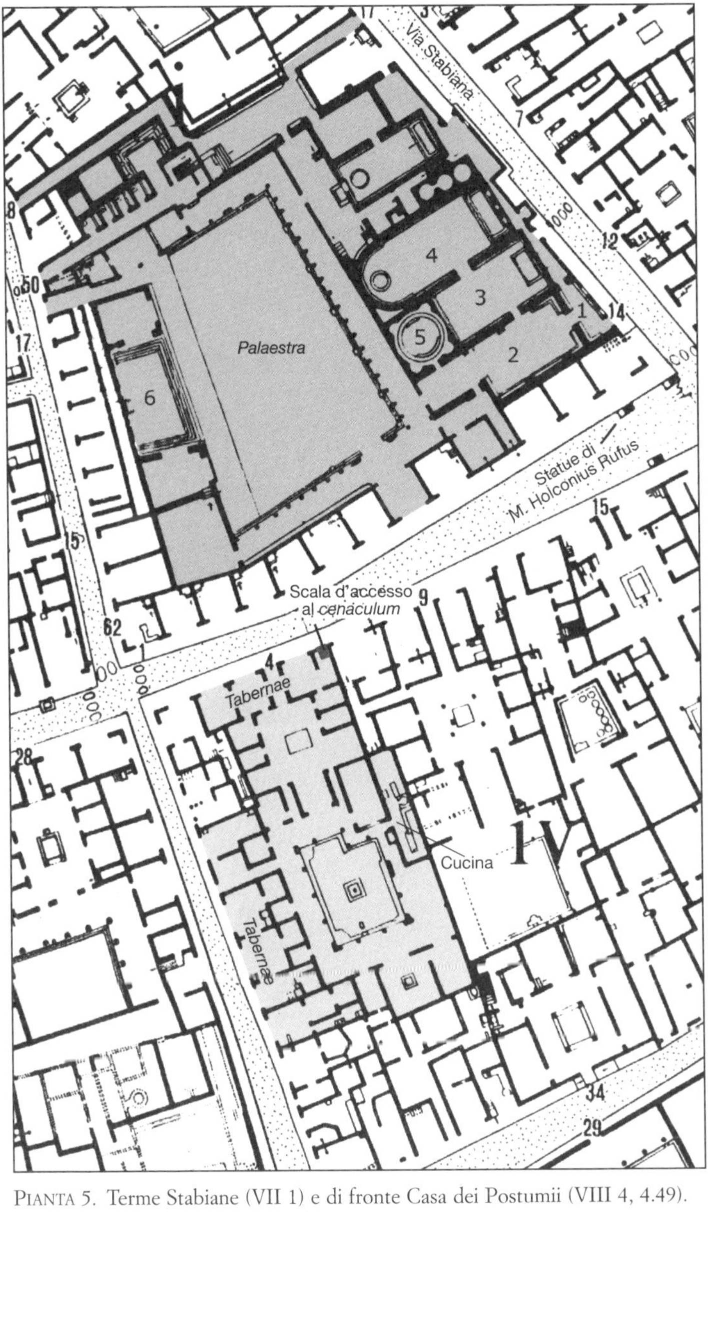

PIANTA 5. Terme Stabiane (VII 1) e di fronte Casa dei Postumii (VIII 4, 4.49).

di un bagno cittadino con annessa un'estesa *palaestra* porticata. Come si evince anche dalla pianta del complesso di età imperiale – che permette di vedere l'ultima situazione dopo diversi interventi di ristrutturazione –, si rifunzionalizzò la facciata che dà su Via dell'Abbondanza, posta a sud, disponendovi una lunga fila di botteghe. Anche se nel caso specifico non abbiamo nessun riscontro epigrafico o archeologico, possiamo comunque presumere che le *tabernae* venissero date in affitto e costituissero per il gestore dei bagni un'ulteriore fonte di guadagno. Sorprende, piuttosto, la rinuncia a tali botteghe lungo la Via Stabiana ad est. La facciata originaria, eseguita in blocchi squadrati di tufo, faceva apparire il complesso come frutto di un unico progetto. Poiché gli ambienti per i bagni e la palestra erano situati all'interno del complesso, non era possibile rendersi conto dall'esterno di quale funzione avesse l'edificio.

Lo spazio più grande era occupato dalla *palaestra*, che originariamente doveva occupare un'area ancora più estesa. In seguito alla realizzazione della piscina ne furono ridotte le dimensioni (pianta 5: 6). Tutta l'ala orientale ospitava due distinti settori, accessibili rispettivamente da un ingresso, uno a nord e uno a sud del complesso. Il settore più grande era riservato agli uomini, mentre quello un po' più isolato a nord doveva essere destinato ad un pubblico femminile. Fra i due si trovava il *praefurnium*, per il riscaldamento degli ambienti caldi adiacenti. Per comprendere meglio la sistemazione spaziale, bisogna tener conto del fatto che l'accesso da sud fu aperto solo in età imperiale. Per molti decenni erano esistiti diversi accessi da tutte le strade limitrofe. Gli stretti portali in facciata erano evidenziati dagli stipiti. Attraverso questi ingressi originari, uno dei quali immetteva direttamente nella *palaestra*, si giungeva in corridoi e vestiboli generalmente poveri di luce. Da fuori era pressoché impossibile vedere all'interno. Invece di una facciata di grande effetto si preferì optare per una soluzione più semplice e possibilmente funzionale. Chi seguiva questi corridoi verso l'interno doveva accorgersi che fungevano da accessi separati per un pubblico differenziato, forse donne e uomini.

Specialmente le terme maschili permettono di notare, con i loro sei distinti ambienti, una notevole differenziazione nel percorso termale. Diversamente dal visitatore moderno, il fruitore di allora giungeva attraverso gli ingressi a sud e ad est direttamente nel settore dedicato ai bagni, e non subito nella *palaestra*. Per una maggior chiarezza descriveremo qui il percorso a partire dall'antico ingresso che dà su Via Stabiana. Attraverso questo si giungeva in un vestibolo piuttosto povero di luce e da qui nello spogliatoio, con pavimento lastricato, due grandi finestre e un lungo bancone lungo le pareti della stanza (pianta 5: 1). Possiamo immaginare che fungesse anche da sala di attesa per gli schiavi. Nella successiva sala, di notevoli dimensioni (pianta 5: 2), coperta da una spettacolare volta a botte decorata a stucco, v'erano delle piccole nicchie nelle pareti in cui era possibile lasciare i vestiti (fig. 5). Da qui si poteva decidere se recarsi nel *tepidarium* (bagno d'acqua tiepida, pianta 5: 3) e nel *caldarium* (bagno d'acqua calda, pianta 5: 4), oppure nel *laconicum* per i bagni di sudore (pianta 5: 5). Grazie alla notevole estensione degli ambienti lo stesso *tepidarium* conteneva nel lato est una vasca che per le sue dimensioni permetteva di immergersi completamente. In questa prima fase sembra non essere attestato nessun bagno d'acqua fredda: per le rapide abluzioni d'acqua fredda si usava la vasca rotonda (*labrum*) posta nell'abside del *calidarium*.

Come si evince da un'epigrafe datata ai primi anni della colonia, le terme erano state ristrutturate con denaro pubblico. Mentre la ricostruzione della *palaestra* e della *porticus* ne attestano la maggiore antichità, il *laconicum* e il *destrictarium*, cioè la sala per detergersi dalla sabbia e dall'olio, erano strutture di nuova realizzazione. Ciò indica come anche all'epoca le terme fossero molto frequentate per l'allenamento fisico e gli esercizi di ginnastica.

Solo con le successive trasformazioni, risalenti alla prima età imperiale, le terme acquistarono un'importanza tutta nuova. Con la riduzione delle dimensioni della *palaestra* si ottenne un grande spazio per la piscina (*natatio*, pianta 5: 6) sul suo lato occidentale. Inoltre si sostituì il *laconicum* con un *frigidarium*, l'ambiente per i bagni d'acqua fredda (pianta 5: 5). Queste modifiche condussero dunque alla decisione di rinunciare ad una delle botteghe, per spostare l'ingresso principale sul lato sud. Si ritenne dunque di fondamentale importanza avere un accesso diretto da Via dell'Abbondanza. L'ingresso, largo e rivestito di lastroni di travertino, terminava direttamente in corrispondenza della *palaestra*, che da questo momento in poi assunse la funzione di peristilio. Per la presenza di panchine in pietra nella *porticus* meridionale, è lecito pensare che il porticato fosse utilizzato per tranquille deambulazioni all'ombra.

Malgrado l'ala delle terme maschili non fosse ancora stata ripristinata completamente nel 79 d.C., possiamo comunque renderci conto, grazie ai suoi ambienti e alle pareti della *natatio* all'interno della *palaestra*, di quale fosse l'arredo che andava di moda nei bagni cittadini negli ultimi due decenni di vita di Pompei. Oltre ai pavimenti in marmo, agli affreschi raffiguranti personaggi tratti dalla mitologia ed esili prospetti architettonici, sovrapposti l'uno all'altro, erano soprattutto i ricchi rilievi a stucco a trasmettere una sensazione di lusso e al tempo stesso di leggerezza. Purtroppo non conosciamo le statuette che dovevano essere collocate nelle nicchie di alcuni ambienti.

Non sarà un caso se subito dopo la deduzione coloniale, cioè dopo il neo-insediamento di forse 2.000 coloni e delle loro famiglie (non conosciamo, purtroppo, il numero esatto), fu realizzato un nuovo impianto termale, non lontano dal foro (pianta 4). Due iscrizioni databili al 70 a.C. circa, poste con ogni probabilità sopra gli ingressi, ci informano che il nuovo edificio fu realizzato con mezzi pubblici. Inoltre, l'area sulla quale sorgeva, e della cui antica sistemazione è scomparsa ogni traccia, dovette essere acquistata dalla nostra cittadina di campagna o semplicemente espropriata durante il processo di colonizzazione.

La stretta vicinanza dell'ala dedicata ai bagni all'interno dell'*insula* con le botteghe circostanti prova che anche queste erano di proprietà privata e che potevano essere date in affitto. In più, sul lato settentrionale del complesso possiamo notare un accesso diretto al primo piano: questo è la prova dell'esistenza di unità abitative a sé stanti, che a loro volta potevano essere date in affitto. In virtù di quanto detto, tutto il complesso dell'*insula* si rivela essere un impianto ottimamente progettato, che da una parte favoriva il benessere degli uomini e dall'altra garantiva sì il sostentamento delle terme ma anche un profitto aggiuntivo.

È interessante notare come le Terme del Foro avessero inizialmente solo un'ala maschile – quella femminile fu costruita a nord-ovest solo successivamente – e una palestra per gli esercizi fisici, che ormai rivestiva un'importanza minore. Di conseguenza, almeno in un primo momento, il bagno potrebbe essere stato frequentato soprattutto da un pubblico maschile già un po' avanzato nell'età. Era insomma un luogo d'incontro, forse proprio per quegli uomini che nella mattinata avevano sbrigato i loro affari nel foro. Le Terme del Foro furono così costruite soprattutto per i coloni. Solo più tardi, con l'aggiunta dell'ala femminile, assunsero un carattere pubblico.

Quale importanza avesse la frequentazione delle terme, disgiunta da ogni attività fisica, nei decenni intorno alla metà del I secolo a.C., lo si evince dall'erezione di *balnea* privati nelle case più grandi della città. Non meraviglia certo che fossero proprio le *domus* più importanti ad offrire un lusso di questo tipo. Diversamente dall'opinione comune, i *balnea* non servivano solo al benessere e al relax di una ristretta cerchia famigliare. La posizione e l'arredo di questi bagni privati nelle immediate vicinanze degli spazi in comune rivelano invece il loro utilizzo in relazione ai ricevimenti serali e ai banchetti. Il lusso risiedeva, evidentemente, nel non dover percorrere il lungo tragitto fino alle terme e nel poter godere dei benefici trattamenti fra amici intimi e conoscenti.

Le trasformazioni qui brevemente delineate nelle abitudini del *balneum* e il progressivo abbandono dell'attività fisica trovano il loro esempio migliore in una terma subito fuori da Porta Marina (Terme Suburbane, pianta 4), databile alla prima età imperiale. Oggi queste terme sono famose soprattutto per le scene erotiche dipinte sulle pareti dello spogliatoio. Queste raffigurazioni non vanno tuttavia interpretate come segno tangibile di un'attività connessa alla prostituzione nelle immediate vicinanze delle terme. È più probabile, invece, che le singole scene fossero uno specchio della letteratura dell'epoca, come per esempio l'*Ars amatoria* di Ovidio, e avessero la funzione di ricordare ai frequentatori delle terme su quale mensola si trovassero i loro vestiti.

Ciò che sorprende veramente delle Terme Suburbane è il loro arredo. Insieme a diverse raffinatezze di tipo tecnico si devono ricordare soprattutto le grandi finestre che permettevano ai frequentatori di compiacersi di una suggestiva vista sul mare. L'accostamento di questo ambiente artificiale di acqua dolce con l'immagine del mare indomito ebbe da allora in poi sempre un fascino particolare, di cui sarebbero poi diventati vittime anche alcuni proprietari di ville, come per esempio Plinio.

Per le grandi Terme Centrali, in corrispondenza dell'importante incrocio fra Via Stabiana e Via di Nola, l'eruzione venne troppo presto (pianta 4). Solo due generazioni dopo l'erezione delle Terme Suburbane si iniziarono, in seguito alla forte distruzione causata dalla scossa di terremoto del 62 d.C., i lavori per un ulteriore complesso al posto di case più antiche. L'erezione non andò mai oltre la costruzione grezza, ma la sua unica ala per i bagni e l'impiego di grosse finestre che danno sulla *palaestra* lasciano cogliere in modo molto evidente alcuni dei tratti di quelle terme fatte costruire a Roma dagli imperatori. Come dimostra un certo numero di elementi architettonici provenienti dal cantiere, nelle terme di Pompei dovevano essere impiegati in modo massiccio marmi colorati provenienti dalle più disparate località dell'impero romano, proprio secondo il modello offerto dalla Capitale.

4. *L'addestramento dei giovani alla virtù: il Foro Triangolare e le palestre*

I lavori di ristrutturazione al santuario di Eracle e Minerva sono già stati descritti quando si è tentato di dare un'interpretazione plausibile di alcuni edifici dell'area di culto e delle fondazioni del tempio dedicato alle due divinità (pianta 3). Fu soprattutto la devozione per Eracle ad influenzare l'attività edilizia all'interno del santuario dal tardo II secolo a.C. in poi. In ambito italico Eracle non era soltanto la divinità protettrice del commercio interregionale e delle mandrie di bestiame, ma anche l'eroe e l'esempio dei giovani maschi. I sacrifici ad Ercole come dio del ginnasio greco assumevano un'importanza secondaria. Eracle era una delle divinità più popolari anche nei territori montuosi del centro Italia. A lui i giovani chiedevano protezione e sostegno durante gli esercizi fisici a servizio di tutta la cittadinanza.

La delimitazione del foro attraverso la costruzione di un colonnato intorno e la creazione di un accesso ben controllabile a nord sembrano corrispondere ad un utilizzo di tipo diverso della piazza. La *porticus* est è fiancheggiata per quasi tutta la sua lunghezza, ad una distanza di circa 5 metri, da un piccolo muretto parallelo. Per riuscire a dare un'interpretazione plausibile dobbiamo tener conto della fontana presso l'ingresso e della statua onorifica per il nipote di Augusto, Marcello, eretta in quel punto. Marcello era divenuto il patrono della città (*patronis coloniae*), titolo onorifico conferitogli dalla cittadinanza pompeiana per assicurarsi la sua intercessione a Roma. Dal momento che fino alla sua morte nel 23 d.C. Marcello era il presunto successore di Augusto, la dedica di una sua statua nel santuario di Ercole acquistava un significato tutto particolare. Al contempo, forse, il giovane era venerato anche come una specie di capo alla guida dei giovani aristocratici di sesso maschile a Roma (*princeps iuventutis*). Questa funzione era importante soprattutto in vista di manifestazioni o parate paramilitari, e al tempo stesso potrebbe essere un indizio per poter attribuire al Foro Triangolare anche la funzione di *campus* per l'addestramento e gli allenamenti della gioventù pompeiana. Il piccolo muretto dovrebbe dunque essere la delimitazione di uno stadio. È vero che la lunghezza misura solo la metà di uno stadio vero e proprio, ma anche le costruzioni circostanti sembrano essere connesse con gli esercizi fisici della gioventù maschile.

Se si osservano la pianta del santuario e quella delle strutture vicine, allora riusciamo a cogliere il reciproco rapporto fra i singoli edifici. C'è una stretta relazione fra l'area santuariale e il muro perimetrale del teatro e della *porticus* ad est. È presumibile, dunque, che si trattasse di un unico progetto. Come hanno mostrato le ultime indagini di Filippo Coarelli e di Fabrizio Pesando è imprescindibile, se vogliamo comprendere meglio l'area dei teatri, considerare gli edifici non isolatamente, ma come un unico grande complesso all'interno della città. La cosiddetta Palestra Sannitica a nord-est del Foro Triangolare, per esempio, era raggiungibile direttamente attraverso un ingresso aperto nel portico orientale. Questo passaggio sembra aver avuto una notevole importanza. Dal momento che l'accesso principale alla *palaestra* si trovava sul lato settentrionale verso la Via del Tempio di Iside non ci sarebbe stata alcuna necessità di un secondo ingresso. Un collegamento fra palestra e stadio, però, era senz'altro comodo. Che la *palaestra* fosse effettivamente il luogo destinato all'attività fisica della gioventù maschile di Pompei è dimostrato con buona attendibilità da un'iscrizione osca qui scoperta. L'epigrafe nomina la *vereiia*, un termine di epoca ancora preromana per indicare una specie di sodalizio di giovani atleti. La medesima iscrizione menziona inoltre un certo Vibius Atranus, con il denaro del quale fu costruito, sotto il controllo del consiglio municipale della città, e probabilmente solo dopo la sua morte, l'intero impianto. La disposizione contenuta nel testamento di Atranus, di impiegare il suo patrimonio per la costruzione della *palaestra*, sottolinea l'importanza che insigni personaggi attribuivano a questo tipo di edifici in epoca sannita.

Il cortile porticato della palestra ci è giunto nella forma che aveva in età imperiale, con otto colonne sul lato lungo e cinque colonne in larghezza. Originariamente si estendeva ben due iugeri più verso est, ma questo spazio gli fu sottratto in seguito alla realizzazione dei progetti d'ampliamento del Tempio di Iside. Le dimensioni originarie della *palaestra* erano leggermente più grandi, ma pur sempre modeste. Solamente sul lato occidentale esistevano tre piccoli ambienti che potevano servire da spogliatoio, o semplicemente da sala di ritrovo per i giovani atleti.

Sempre in quest'area aveva grande rilievo una base di statua collocata esattamente in asse con l'ingresso, su cui un tempo era posta la famosa copia pompeiana del cosiddetto doriforo (attualmente la statua si trova nel museo di Napoli; fig. 6). Fino ad oggi non è chiaro chi fosse il personaggio rappresentato dalla statua, riconducibile ad un originale greco di piena età classica. Davanti al piedistallo invece si trovava un altare che sicuramente aveva una funzione cultuale. In questo senso è da interpretare anche la scalinata alle spalle della base. Nell'area si dovevano dunque svolgere dei sacrifici, mentre la scala doveva verosimilmente permettere periodiche incoronazioni della statua. La mancanza di tratti personali nel viso esclude che si trattasse di un personaggio del posto, mentre la nudità eroica rimanda piuttosto ad un atleta vincente e degno di essere imitato. La statua, senza età e priva di difetti, descrive in modo eccezionale quell'ideale di forza e di senso di vittoria che doveva ricoprire un ruolo fondamentale nell'addestramento paramilitare.

A sostegno di tale tesi viene chiamato in causa anche un impianto termale, oggi quasi caduto nell'oblio, che si trova in posizione obliqua rispetto al *propylon*, a nord-ovest del Foro Triangolare (Terme repubblicane, pianta 4). Il suo impianto è databile ancora all'epoca preromana ed è per età il secondo complesso termale di Pompei. Benché precedente alle Terme del Foro, anche qui riscontriamo già due settori ben distinti, entrambi con un proprio ingresso. L'ala dei bagni di dimensioni maggiori era raggiungibile direttamente dalla Via dei Teatri e doveva essere destinata ad un pubblico maschile. Oltre agli ambienti canonici comprendeva anche un'area per i bagni di sudore. Si può notare come le piccole terme non disponessero di una propria palestra. Anche il fatto che si trovassero in un punto piuttosto scomodo da raggiungere, ai margini della città, potrebbe indicare una loro pertinenza strutturale all'area del Foro Triangolare. Sembrano mancare degli ambienti quali il *destrictarium* o le sale in cui riposarsi e rilassarsi dopo gli esercizi. Per questi scopi sarebbero stati sufficienti il *laconicum*, il vestibolo e l'ambiente per i bagni.

Si accenni, infine, che anche l'area a sud delle terme, al di là dalla strada, è stata attribuita all'ambito del *campus*. Ci si immagina qui una sorta di reclutamento dei giovani soggetti agli obblighi militari. Dal momento che in età imperiale questo settore fu trasformato in una specie di giardino sarebbe opportuno effettuarvi degli scavi nel tentativo di individuare le tracce della situazione edilizia prima dell'arrivo dei romani. I resti di un fregio in terracotta decorato a rilievo che dovrebbero essere appartenuti all'edificio precedente mostrano scene con cavalieri in battaglia, i cui combattenti vestono abiti della tradizione locale. Un soggetto adatto, insomma, se si suppone che l'area avesse una funzione strettamente legata ad un contesto militare.

Il raggruppamento di questi edifici intorno al santuario di Ercole e la loro genesi in un unico momento, verso la fine del II secolo a.C., non sono una coincidenza. In un periodo di conflitti sempre più forti con Roma, pochi anni prima della guerra sociale, aumentò la coscienza di sé e la capacità di opporsi delle piccole città campane. Come già accennato, Ercole non era solo la divinità protettrice del commercio e delle greggi, ma veniva ad assumere anche una connotazione più prettamente militare. Culti di questo genere sono stati localizzati proprio nei *campi* di diverse città italiche. Caratteristica comune di tali aree era la loro posizione marginale rispetto alla città. Non diversa doveva essere la situazione a Pompei.

Dopo la fine della guerra sociale, l'addestramento militare della gioventù venne ad assumere un'importanza sempre minore. Le piccole terme sembra siano state abbandonate al più tardi in epoca augustea, così anche l'edificio meridionale. È difficile stimare per quanto tempo esattamente si continuò ad utilizzare la *palaestra* e lo stadio. Un fatto eccezionale è però la costruzione in età augustea di una nuova enorme *palaestra* presso l'anfiteatro (pianta 4). Una *porticus* lunga 300 metri fiancheggia su tre lati un enorme spazio aperto. Verso l'anfiteatro l'area era delimitata da un muro in cui si aprivano tre porte. Mentre davanti ai portici si piantarono due file di platani per la loro ombra, il centro della *palaestra* era occupato dalla piscina (*natatio*), di dimensioni veramente degne di nota. Mancavano invece lo stadio, una tipica *palaestra*, gli ambienti in cui si tenevano gli arnesi per gli esercizi e le sale per detergersi. Proprio per questo motivo si è spesso fatto notare come non si trattasse di un tipico *campus* ma di un'area per un'attività sportiva molto varia. Come nel caso degli edifici orientali del foro, anche qui l'asse dell'ingresso nonché di simmetria della palestra termina in uno spazio rialzato simile ad una cella che con ogni probabilità doveva servire alle pratiche del culto imperiale. Anche qui tutte le attività dovevano svolgersi sotto la protezione dell'imperatore.

All'interno della città, almeno in questo periodo, l'addestramento con armi e in generale il loro utilizzo era prerogativa dei gladiatori. Per quanto ne sappiamo, almeno negli anni precedenti all'eruzione questi combattenti così amati dal popolo si allenavano nella grande *porticus* presso il teatro, il cosiddetto quadriportico (pianta 3). Nei vani che confinano con il portico sono stati trovati diversi elmi ed armi. Prima di essere adibita a caserma per i gladiatori, l'area porticata era utilizzata per le tranquille passeggiate durante le pause delle rappresentazioni teatrali (*porticus post scenam*).

5. *Guardare e mettersi in mostra: divertimento a teatro*

Nel punto in cui il pendio declina più ripidamente, in corrispondenza del limite sud del costone, era stato eretto già nel corso del II secolo a.C. un grande teatro (pianta 3). Mentre a Roma si continuava ancora a costruire teatri in legno con singoli elementi in pietra solo in occasione di particolari avvenimenti, i teatri in pietra non erano certo più un'eccezione nell'Italia meridionale. Il Teatro di Pompeo, che fu il primo teatro permanente di Roma, venne inaugurato solo un secolo più tardi, nel 55 a.C. La Pompei sannita invece possedeva un proprio teatro già molto presto. La costruzione originaria, di cui sono rimasti pochissimi resti, doveva essere il più antico stabile di grandi dimensioni nella cosiddetta area dei Teatri. Tutti gli edifici adiacenti furono costruiti successivamente, sempre rispettando il perimetro del teatro. Oltre alla *cavea*, la cui pianta risulta poco più ampia di un semicerchio, l'influenza dei teatri di tradizione greca del sud Italia e della Sicilia è testimoniata anche dall'*orchestra*, il grande spazio rotondo davanti al palcoscenico. Solo attraverso successive opere di ristrutturazione si adattò l'edificio alle esigenze degli spettacoli teatrali romani e agli eventi per la comunità che spesso si svolgevano in concomitanza.

Una prima trasformazione prevedeva un innalzamento del palcoscenico e una copertura a volta degli accessi laterali, fino a quel momento rimasti scoperti. In questo modo si riuscì anche ad aumentare il numero dei posti a sedere. Con i restauri della *scaenae* in età augustea si ottenne anche un ampliamento della pedana del palcoscenico che al tempo stesso fu spostata verso la *cavea*. Inoltre si apprestò una specie di canale entro il quale era adagiato il sipario che diversamente dal sistema moderno veniva sollevato dal basso. Anche la fronte della scena, la *scenae frons*, fu rifatta, con un nucleo di mattoni rivestito di lastre marmoree. La facciata, scandita da nicchie e colonne, è riferibile solo alla fase di ristrutturazione dopo il forte terremoto. Durante questi interventi l'orchestra, che nella tragedia greca era lo spazio riservato alla danza del coro, fu drasticamente ridotta di dimensioni, anche se mantenne la sua originaria forma a ferro di cavallo.

I lavori di ristrutturazione di epoca augustea trasformarono infine il complesso in un teatro tipicamente romano: la scena e la *cavea* furono unite in modo da formare un corpo unico, e sopra gli accessi laterali furono allestiti i *tribunalia*. Gli spettatori che sedevano in questo settore marginale della *cavea* non godevano certo di una buona visuale. Ciononostante erano proprio i *tribunalia* i posti d'onore per i magistrati della città e per i promotori degli spettacoli teatrali: senza dubbio erano i posti migliori per chi volesse essere visto da tutti gli altri spettatori. Questi interventi furono promossi da Marcus Holconius Rufus e Marcus Holconius Celer, probabilmente padre e figlio, appartenenti ad una delle famiglie più ricche della città. Entrambi rivestirono ripetutamente le cariche più alte dell'amministrazione cittadina. Almeno tre iscrizioni ricordano i due mecenati, la loro carriera politica e gli interventi resi possibili grazie ai loro finanziamenti. Stando a queste iscrizioni, un'altra innovazione, oltre ai *tribunalia*, fu la realizzazione in marmo di alcuni gradini della *cavea*. I due Holconii avevano inoltre fatto eseguire intorno alla *cavea* un sottopassaggio anulare (*crypta*) coperta da volta a botte che non solo sorreggeva ulteriori file di gradini ma che permetteva anche di intrattenersi all'ombra durante le pause delle rappresentazioni. Anche se le iscrizioni non ne parlano è presumibile che l'opera di ristrutturazione prevedesse anche il completo rivestimento con marmo della facciata della scena.

Nelle nicchie laterali o davanti alle colonne della facciata dovevano trovarsi le statue onorarie – almeno tre – che erano state dedicate dalla cittadinanza agli Holconii come segno di gratitudine. Per di più fu concessa al padre un'ulteriore onorificenza: la dedica, nella fila più bassa della *media cavea* e dunque proprio al centro della gradinata, di una *sella curulis* che originariamente potrebbe

FIG. 1. La Via dell'Abbondanza.

FIG. 2. Facciata con numerose raccomandazioni elettorali.

FIG. 3. Una delle tante fontane di Pompei con a ridosso un *castellum acquae* per l'approvvigionamento idrico della città.

FIG. 4. Veduta aerea del foro e degli edifici circostanti.

FIG. 5. Spogliatoio maschile (*apodyterium*) delle Terme Stabiane con decorazione a stucco colorata (70 d.C. ca.).

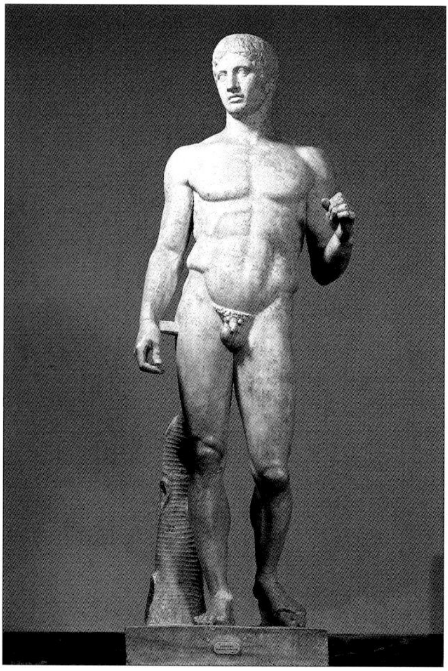

FIG. 6. Statua del doriforo dalla Palestra Sannitica.

FIG. 7. Statua di Marcus Holconius Rufus davanti alle Terme Stabiane.

FIG. 8. Villa di Giulia Felice (II 4, 2-12), dettaglio di un affresco con la rappresentazione di una pubblica comunicazione fatta presso il foro.

FIG. 9. Boscoreale, cortile interno della piccola fattoria nella località di Villa Regina con 18 dolii di terracotta per il vino.

FIG. 10. Casa del Labirinto (VI 11, 8-10), parete est della grande sala con colonne e decorazioni di secondo stile (50 a.C. ca.).

FIG. 11. Casa di Marcus Lucretius Fronto (V 4, a), atrio con tavolo in marmo e *tablinum* annesso, decorazione di terzo stile (40 d.C. ca.).

FIG. 12. Casa degli Amorini dorati (VI 16, 7.38): giardino con accesso al *triclinium*.

essere stata decorata con elementi in avorio. Il riconoscimento, poi, fu eternato con lettere bronzee nel marmo del gradino. Questa cooperazione di padre e figlio o anche di madre e figlio, come abbiamo avuto modo di vedere nel caso dell'Edificio di Eumachia o in quello del Tempio di Iside, doveva assicurare alla famiglia un prestigio duraturo, ma soprattutto creare una base solida per una riuscita carriera politica dei discendenti.

Altri due edifici destinati alle rappresentazioni teatrali, il Teatro coperto (*theatrum tectum*) delle iscrizioni (pianta 3) e l'anfiteatro (pianta 4) nascono nei primi anni della colonia. Per incarico del consiglio municipale fu dato l'appalto ai due magistrati Marcus Porcius e Quinctius Valgus, menzionati più volte in diverse iscrizioni. Come nel caso delle Terme del Foro, bisogna chiedersi anche questa volta quale fu il ruolo dei nuovi coloni nella realizzazione del Teatro coperto e dell'arena. Né Valgus né Porcius erano infatti nativi di Pompei.

Sulla base degli *odeia*, conosciuti dalle città greche, fino ad oggi il piccolo teatro di Pompei è stato spesso interpretato come luogo destinato ad audizioni musicali che necessitavano un'acustica migliore rispetto a quella di un teatro. L'edificio sarebbe stato coperto da un tetto e inglobato in una struttura rettangolare per ridurre la dispersione dei suoni. Se però si prende in considerazione la provenienza dei veterani, i soldati in congedo, questa ipotesi non convince. Epoca e dimensioni del *theatrum tectum* parlano a favore di una sua funzionalità legata in qualche modo alle necessità dei coloni. Siccome la lingua parlata in città, e presumibilmente anche quella delle rappresentazioni teatrali, era ancora l'osco, è lecito supporre che si trattasse di un teatro «latino» per i nuovi coloni. Qualora non vi si svolgevano spettacoli si può immaginare che fosse adibito per le assemblee politiche. Dacché sappiamo che i teatri potevano fungere anche da luoghi per questo tipo di riunioni, non è difficile immaginare come proprio nel *theatrum tectum* i coloni giungessero ad una prima cernita per le candidature e per le posizioni di spicco nel governo e nel controllo della città.

Molto diversa è da immaginarsi la genesi dell'anfiteatro, che è in assoluto la più antica realizzazione di questo tipo. È evidente che non si può pensare ad un uso o ad una funzione riservati solo ad una parte della cittadinanza. La capienza di 20.000 posti si spiega solo se si tenne conto da subito anche degli abitanti del territorio di Pompei. Ciò dimostra come gli spettacoli esercitassero il loro fascino ben oltre i confini della città.

Solo qualche anno fa Fausto Zevi è riuscito finalmente ad interpretare le iscrizioni dell'edificio in modo convincente. Marcus Porcius e Quinctius Valgus non sono più indicati col termine di *duumviri* come nel *theatrum tectum*, ma come *censori* (*duumviri quinquennales*, cioè magistrati quinquennali), ai quali spettava il compito di ripartire la popolazione di Pompei nelle diverse classi di reddito, classi con una rilevanza politica proporzionale al censo. Si può dunque partire dal presupposto che ci fu un primo censimento di tutti i cittadini già intorno al 70 a.C. Solo dieci anni dopo la deduzione coloniale fu possibile avere un edificio comune sia per i nativi di Pompei, sia per i nuovi cittadini. L'ipotesi di una convivenza civile, piuttosto che un susseguirsi di scontri fra i diversi gruppi della popolazione all'interno della città, è avvalorata da un altro passo della suddetta iscrizione in cui si dice che l'anfiteatro – realizzato grazie al denaro dei due magistrati – verrà destinato in uso perpetuo a tutta la colonia e a tutti i suoi cittadini. Sembra dunque davvero che i censori avessero eretto con l'anfiteatro un importantissimo monumento alla pacifica convivenza fra vecchi e nuovi cittadini.

Alla grandezza della costruzione corrisponde il suo decentramento nell'angolo a sud-est della città. In parte costruito oltre il perimetro murario della città, l'anfiteatro era l'edificio che per primo un visitatore proveniente dalle città vicine a sud e ad est poteva vedere. Trovandosi nelle immediate vicinanze delle porte della città era facilmente raggiungibile per chi veniva da fuori. Così anche per loro l'anfiteatro divenne ben presto il simbolo di Pompei. Invece di trovarsi schiacciati nella ressa fra i colonnati del foro senza avere in ogni caso una visuale migliore, i nuovi posti, anche quelli poco costosi nelle ultime file in alto, permettevano una visuale pressoché ottimale su tutta l'arena e su tutto ciò che vi succedeva. Al battibecco per i posti migliori nel portico del foro fece posto la possibilità di assistere ai giochi insieme ad una grande folla di concittadini e di vicini. L'anfiteatro divenne così il luogo in cui l'intera comunità poteva identificarsi.

La chiara tripartizione della *cavea*, a cui corrispondevano diverse possibilità economiche degli spettatori, non deve smentire questa concezione. Mentre era possibile raggiungere le file inferiori della *cavea* attraverso dei corridoi coperti all'interno dell'edificio, le file più in alto, per i liberti e gli schiavi, erano raggiungibili solo da una scala esterna.

La scarsa perizia nella progettazione di un anfiteatro così grande si mostra anche nell'assenza di volte sotterranee. Animali e gladiatori, che dovevano andare in scena, erano costretti ad aspettare davanti al teatro prima di entrare nell'arena attraverso una lunga galleria. All'epoca si dovette rinunciare anche agli effetti speciali, come ad esempio le botole nel pavimento dell'arena, da cui potevano improvvisamente comparire i lottatori e gli animali. La scarsa abilità si nota anche osservando le scale, semplicemente appoggiate alla cortina esterna all'edificio. Più tardi infatti, nelle arene di età imperiale, le scalinate tendevano ad essere integrate all'interno della costruzione.

Tuttavia, l'anfiteatro di Pompei ci trasmette un quadro vitale del gradimento di cui godeva questo tipo di spettacoli, ma anche dei concitati tumulti in città da cui erano accompagnati. In effetti, l'iscrizione indica l'edificio con il termine *spectacula* e pone l'accento non sull'edificio stesso ma sugli avvenimenti che si svolgevano al suo interno. Dalle arcate portanti dell'arena provengono numerose iscrizioni che forniscono una viva immagine delle liti e dei diverbi fra i commercianti per i posti migliori, quelli vicini agli ingressi. Diversi platani erano piantati intorno all'arena che nei giorni in cui si svolgevano gli spettacoli doveva assomigliare ad una grande fiera. Dalle facciate di numerosi edifici della città ci sono pervenute molte iscrizioni dipinte a pennello che annunciano la data, la durata e il programma dei giochi, e ovviamente il nome dello sponsor. La promessa di usare il velario per determinati spettacoli era così importante da meritare una menzione particolare.

Quanto fossero popolari questi *spectacula* e quanto fossero argomento principale delle chiacchierate in città appare chiaro grazie al gran numero di commenti e graffiti che si sono trovati incisi anche lontano dagli spazi pubblici, non di rado all'interno di case private. Si soffriva insieme ai gladiatori, si contavano le loro vittorie, si scommetteva su di loro e si era pronti a concedere loro grazia in caso di una sconfitta, purché dignitosa. La passione però poteva anche avere come conseguenza l'accendersi di tumulti e di vere e proprie risse. Nel 59 d.C. l'imperatore Nerone deliberò la sospensione dei giochi a Pompei per dieci anni, in seguito agli scontri che si erano verificati durante i ludi fra pompeiani e abitanti della vicina Nuceria: un provvedimento severo dovuto al precario controllo dell'ordine pubblico. Il divieto però sembra sia stato annullato solo pochi anni più tardi.

6. *La carriera dei magistrati e i finanziamenti privati: strade e piazze come palcoscenico del cittadino*

Nelle città italiche la costruzione di nuovi edifici pubblici ma anche il sostentamento e la manutenzione di questi, dipendevano, diversamente da oggi, in modo determinante dalla generosità di singoli promotori abbienti (*munificentia privata*). Di regola, questi interventi non erano certo senza secondi fini. Attraverso le iscrizioni presso i vari accessi o sulle facciate, i mecenati rimarcavano con forza il proprio impegno. E la già citata collaborazione con i propri figli probabilmente aumentava le loro possibilità di accedere alle cariche pubbliche e dunque di esaltare il prestigio della famiglia. Dei finanziatori dell'anfiteatro, i due censori Valgus e Porcius, si sa che disponevano di un patrimonio sconfinato, tale da permettere interventi di questo tipo. Anche la sacerdotessa Eumachia era originaria di una famiglia benestante. Grazie alla produzione di vino, i due Holconii avevano potuto pagare i lavori di ristrutturazione del teatro e la loro fama si era diffusa oltre i confini regionali, giungendo addirittura fino a Roma.

In quei casi in cui ci sono pervenute più iscrizioni riguardanti una persona o ci è giunto il suo nome attraverso diverse raccomandazioni elettorali sulle facciate degli edifici è possibile farsi un'idea abbastanza dettagliata della sua carriera politica e del prestigio di cui godeva in città. Per il periodo che va dalla nascita di Pompei fino al II secolo a.C., ciò non è possibile perché manca qualsiasi attestazione a nostra disposizione. Marcus Porcius è il primo personaggio che conosciamo un po' meglio. In veste di *quattuorvir*, cioè membro di un collegio di quattro magistrati negli anni immediatamente precedenti alla deduzione coloniale, finanziò insieme ai suoi tre colleghi la nuova ara nel santuario di Apollo. Pochi anni più tardi fu eletto *duumvir*, la carica più importante della città. Fu proprio in questa occasione che prese l'iniziativa, insieme al suo collega Valgus, di erigere il *theatrum tectum*. Fu dopo l'elezione alla carica di censore (*duumvir quinquennalis*) che i due finanziarono infine l'anfiteatro. Il consiglio municipale deliberò allora di riservare a Porcius, che diversamente da Valgus abitava a Pompei, un'area per la sua futura tomba, nel punto di maggior rilievo, fuori da Porta Ercolano. Dopo la sua morte, che non possiamo fissare con certezza ma che possiamo immaginare avvenuta intorno al 50 a.C., gli fu eretto in quel punto un grande altare.

Le testimonianze relative al *cursus honorum*, cioè alla carriera politica di Marcus Holconius Rufus, sono fra le più sorprendenti in nostro possesso. Egli ottenne – per quanto sappiamo – gli onori più grandi che mai furono attribuiti ad un cittadino di Pompei. Ripetutamente fu votato nelle principali posizioni della città, ma non giunse mai al senato di Roma. Nonostante la sua reputazione e la posizione preminente della sua famiglia a Pompei non riuscì mai ad estendere la sua influenza oltre i confini locali. Già nella vicina Ercolano non esercitava più alcuna influenza.

Dell'impegno di Holconius Rufus e di suo figlio Celer per il rinnovo del teatro si è già trattato. Diversamente dal caso di Porcius, le iscrizioni trovate nel teatro non menzionano solo l'ultima carica del padre, ma elencano anche tutti i suoi precedenti meriti e successi. Marcus Holconius guardava indietro alla sua lunga carriera politica. Nel suo terzo duumvirato aveva partecipato alla ristrutturazione del muro esterno del Tempio di Apollo, e all'epoca ricopriva la carica per la quarta volta. L'anno prima era stato eletto primo sacerdote del culto di Augusto (*sacerdos Augusti*) che con ogni probabilità aveva la sua sede nel Tempio del

Genius Augusti nel foro. Il più giovane Celere, invece, lo vediamo menzionato per la prima volta nell'iscrizione del teatro, per cui è lecito presumere che Rufus volesse qui spianare la strada alla carriera politica del figlio, seguendo un modello di provata efficacia. Ad entrambi furono erette delle statue proprio nel teatro. L'iscrizione nomina il padre anche come *tribunus militum a populo*, un titolo onorifico che veniva concesso solo dall'imperatore stesso.

Rufus raggiunse l'apice della sua carriera quando fu nominato «cittadino onorario» della città (*patronus coloniae*). È possibile che questa occasione avesse determinato l'erezione di un'ulteriore statua da parte della città, con cui si voleva onorare il nostro personaggio in un punto strategico (fig. 7): a sud delle Terme Stabiane, la Via dell'Abbondanza si allargava fino a divenire una piccola piazzetta, presso il cui limite est si ergeva un arco quadrifronte (pianta 5). La statua di Marcus che lo mostra come soldato in armatura, pur non avendo egli mai servito sotto le armi, si trovava davanti alla facciata ovest dell'arco e guardava verso il foro. L'iscrizione tracciata in rosso sullo sfondo bianco del marmo era leggibile da lontano: «A Marcus Holconius Rufus, figlio di Marcus, tribuno militare, cinque volte *duumvir* e due volte censore, sacerdote di Augusto e cittadino onorario della città». Attraverso la sua posizione la statua dava risalto alla via che dal centro politico della città conduceva alle terme. Inoltre, la maggior parte dei frequentatori che passavano di qui, si imbatteva quasi subito nel monumento dedicato al nostro personaggio.

La statua per Marcus presso il nuovo accesso delle Terme Stabiane presenta sì il suo ritratto individuale, ma segue il famoso tipo del Marte Ultore, il dio della guerra nel suo aspetto di vendicatore. Già poco tempo prima, nel 2 a.C., il tempio fatto costruire dall'imperatore Augusto nel suo foro a Roma era stato dedicato alla medesima divinità. La scelta di questo tipo per la statua di Rufus non era certo un caso – e tantomeno un caso isolato. Anzi, essa è segnale dell'inserimento delle magistrature di provincia nell'organizzazione e nell'amministrazione dell'impero romano. Con la ripresa volontaria di immagini e di tipi di divinità che erano stati eretti a Roma si voleva mettere in risalto il riconoscimento del potere imperiale e la propria fedeltà.

Oggi purtroppo non si vede più nulla del monumento, se non la base che però attira l'attenzione di pochi visitatori. Chi tuttavia osserva più attentamente la statua nel Museo di Napoli forse si accorgerà che la testa non è più quella originale. Già in antico la testa era stata danneggiata e sostituita da un nuovo ritratto di Rufus. Il fatto è degno di nota perché comunemente si sfruttava questo tipo di circostanze per sostituire il ritratto originale con quello di un nuovo personaggio emergente e per cambiarne il nome nell'iscrizione. In questo caso, però, ancora due generazioni dopo la sua morte si provvide a restaurare la statua di Marcus Holconius Rufus per conservarne così la memoria. La statua onoraria per un cittadino contemporaneo era divenuta, come nel caso di Porcius, un monumento alla memoria di un padre della città, degno di essere preso a modello.

Il luogo predestinato per accogliere le statue, il foro, pone gli archeologi di fronte a grandi problemi (pianta 2). Su tutti i lati, nei portici ma anche fuori da questi, sono state identificate almeno 25 basi per altrettante statue onorarie, di cui però non ne conosciamo bene neanche una. Dopo l'eruzione, il saccheggio sistematico della piazza e degli edifici circostanti interessò addirittura le lastre in marmo che rivestivano le basi. Solo per caso si sono salvate alcune iscrizioni o qualche frammento di queste.

Stando alle misure delle basi, quelle collocate nella piazza dovevano accogliere prevalentemente statue equestri a grandezza naturale, mentre le statue semplici erano poste di regola sotto i portici. Un affresco dalla Villa di Giulia Felice ce ne trasmette un'impressione vivace: esso mostra come le basi fossero usate contemporaneamente per l'affissione di annunci pubblici come se si trattasse di una specie di giornali murali (fig. 8).

La parte meridionale della piazza sembra essere stata, almeno inizialmente, il luogo preferito per collocarvi le statue. Oggi possiamo anche dire che le dieci statue equestri originarie furono in parte abbandonate e man mano sostituite da tre basamenti di dimensioni davvero enormi. È verosimile datare l'intervento alla prima età imperiale e mettere in relazione i basamenti per le statue onorarie con la casa imperiale: un frammento di iscrizione apparteneva ad una statua equestre eretta sopra il basamento centrale, dedicata ad Augusto dopo il 12 a.C. Anche se l'attribuzione dei restanti due basamenti rimane incerta, le loro dimensioni testimoniano la presenza di quadrighe che generalmente mostravano l'imperatore in veste di trionfatore. Sul lungo basamento al centro della piazza doveva invece trovarsi la colossale statua di qualche imperatore, mentre una seconda doveva trovarsi nella basilica dove fu collocata nel punto di maggior rilievo, davanti al *tribunal*.

Nel tardo I secolo a.C. il foro era affollato in tal modo di statue che era divenuto tutt'altro che facile trovare un posto libero. Le nuove statue in mezzo alle precedenti avrebbero finito per non essere notate. A quest'epoca si data anche la costruzione di tre archi nella parte settentrionale del foro ai lati del Tempio di Giove. I due archi onorari addossati su ambo i lati al pronao del tempio (di cui è rimasto in piedi solo quello occidentale, tuttora visibile) sembra siano stati innalzati in epoca augustea. Come nel Foro d'Augusto a Roma, anche qui il tempio principale fu fiancheggiato da due archi in modo da regolarizzare la parte nord della piazza, altrimenti piuttosto disomogenea, riuscendo così a dare ancora maggior risalto alla facciata del tempio. Non è dato sapere il motivo per cui l'arco orientale fu rimosso. È possibile che fosse stato fortemente danneggiato da una scossa di terremoto. L'arco nell'angolo nord-est del foro risale invece ad un periodo successivo, probabilmente al tempo di Tiberio. Sulla base di un ritrovamento epigrafico si argomenta che fosse sormontato dalla statua non dell'imperatore, ma di un membro della famiglia imperiale. Anche i due archi più antichi appena descritti dovevano avere un maggiore impatto visivo rispetto alle basi di statua del lato meridionale del foro, ed essere dedicati, con ogni probabilità, a membri della casata imperiale. Mentre i monumenti in onore di personaggi locali popolavano i lati lunghi della piazza, i componenti della famiglia dell'imperatore occupavano i lati stretti del foro, ben più importanti per il fatto di riuscire a catturare lo sguardo dello spettatore. Grazie alla disposizione simmetrica dei basamenti, le statue apparivano come un gruppo, ma erano a loro volta associate, da chi osservava, al Tempio di Giove e alla statua equestre imperiale al centro della piazza. La vicinanza fra l'imperatore e le divinità veniva qui espressa in modo molto chiaro.

CAPITOLO TERZO

L'ECONOMIA E LA SOCIETÀ

1. *Città di consumatori o città di produttori?*

Le rovine di Pompei, grazie alle quali conosciamo abbastanza bene l'architettura pubblica e privata, non sono solo le più estese dell'antichità, ma costituiscono anche la più completa fonte per lo studio dell'economia romana. Spesso non si tiene conto di questo fatto. Servizi da mensa, pentole, anfore, contenitori per profumi o lucerne possono essere studiati non solo in quanto oggetti della vita quotidiana. Essi infatti ci forniscono anche una serie di dati relativi alla loro produzione, al loro commercio su scala locale ed extraregionale, al loro valore e al loro (ri)utilizzo. Attraverso uno studio dettagliato di diverse classi di materiali siamo giunti negli ultimi decenni a dover rivedere l'idea che ci si era fatti riguardo all'approvvigionamento della città e al sistema di produzione e di commercio.

In una prospettiva storico-sociale dell'antichità, sulla scia delle riflessioni di Max Weber, ci si è posti la domanda se l'antica città fosse un luogo di produttori o piuttosto un centro di consumo, ovvero, se si trattasse di un organismo autosufficiente o se avesse invece bisogno rifornirsi dall'esterno. Weber stesso e un influente gruppo di studiosi devoti alla sua ipotesi erano dell'opinione che il sostentamento della popolazione della città dipendesse in larga misura dall'importazione di viveri e di prodotti di consumo dal territorio intorno a Pompei. I sostenitori dell'ipotesi inversa, che volevano Pompei una città di produttori, cercavano degli indizi per sostenere un tipo di produzione che andasse oltre l'auto-sostentamento: i prodotti in eccesso avrebbero finito per fornire mercati esterni. La loro argomentazione si reggeva soprattutto sull'osservazione delle officine per la lavorazione tessile. Prima di approfondire queste riflessioni sarà opportuno chiarire le problematiche connesse al rifornimento di viveri della popolazione.

Considerando il numero delle proprietà terriere e delle piccole fattorie nel territorio di Pompei e sui pendii del Vesuvio – divenute famose soprattutto dopo la seconda guerra mondiale – sembra probabile che la città avesse effettivamente necessità di essere rifornita dall'esterno. Dozzine di queste fattorie, ma anche di ville suburbane perfettamente attrezzate per la lavorazione dei proventi agricoli, collegano in modo stretto la città al suo territorio. Purtroppo, i resti di queste fattorie sono spesso stati messi in luce durante moderni lavori di sbancamento e solo in casi molto rari è stato possibile agli archeologi procedere ad uno scavo estensivo delle *villae rusticae*. Costituisce un'eccezione una fattoria presso Boscoreale, a 2 chilometri da Pompei nella località di Villa Regina, esplorata ampiamente negli anni fra il 1978 e il 1983. Era composta da pochi vani abitabili e si segnalava soprattutto per un grande cortile interno con 18 grandi dolii in terracotta parzialmente sotterrati e un torchio che disponeva di una propria cisterna sotterranea (fig. 9). Questa aveva una capacità di circa 10.000 litri, ed è stato calcolato che doveva contenere il provento di una vigna di circa un ettaro, un ettaro e mezzo. Le tracce che rimandano alla viticoltura stessa o alla coltivazione e la lavorazione di grano sono invece esigue. Non è stato possibile, inoltre, provare la presenza di una stalla per l'allevamento di bestiame. L'area di scavo era però limitata e gli archeologi non hanno potuto raggiungere i limiti della fattoria. In virtù del ritrovamento di ossa, per la verità non moltissime, immaginiamo che si allevassero almeno alcuni suini per l'autoconsumo. Per quanto sia possibile dire allo stato attuale della ricerca, anche la coltivazione di grano e di ortaggi serviva al proprio sostentamento. Stando a quanto riportano gli agronomi romani, dobbiamo pensare che la nostra *villa rustica* fosse fra le più piccole dell'intera regione. Per questo motivo rimane ancora incerto se la fattoria fosse amministrata da una piccola famiglia di un contadino libero, o da schiavi o liberti alle dipendenze di un latifondista.

L'economia di queste ville è invece ricostruibile in modo abbastanza dettagliato. A Boscoreale si cominciò a coltivare esclusivamente la vite a partire al più tardi dal I secolo a.C. Questo tipo di monocultura era piuttosto diffuso nel territorio vesuviano ed i suoi proventi non rifornivano solo i mercati locali. Delle famiglie degli Holconii o degli Eumachii sappiamo come traessero un enorme guadagno dal commercio del vino, esportato addirittura fino a Roma. Interi carichi di anfore sono stati recuperati a Ostia, il porto di Roma alla foce del Tevere. Grazie ai bolli impressi sulle anfore possiamo calcolare che un quinto se non un quarto dei vini importati nella Capitale doveva essere di provenienza campana. L'ottima qualità dei terreni intorno al Vesuvio ma anche l'eccellente clima sono i motivi per cui già nell'antichità i vini sud-italici erano molto apprezzati. Se si calcola un prezzo anche piuttosto alto di tre assi per un litro di vino buono, allora il commercio del vino avrebbe fruttato alla piccola fattoria al massimo 7.500 sesterzi, una somma che non garantiva certo un benessere smisurato.

È evidente che i viveri necessari dovevano affluire a Pompei dai poderi dell'entroterra. Nelle nostre considerazioni non dev'essere però tralasciato neanche il porto presso la foce del Sarno, situato a sud della città. Da quest'area, oggi densamente abitata, provengono solo misere tracce dell'insediamento antico. Per la presenza del fiume e del porto, nonché per la vicinanza al mare, è logico supporre che la lavorazione del pesce e il rifornimento della città con prodotti quali il *garum*, una specie di salsa a base di pesce, avvenissero proprio nei quartieri di questa zona. Con ogni probabilità vi si svolgevano anche i mercati, di cui abbiamo notizia grazie alle cosiddette *tabulae Pompeianae* e a quelle di L. Caecilius Iucundus. Questi mercati, che avevano luogo regolarmente ogni sette-otto giorni, davano anche la possibilità di vendere i prodotti in asta e che, secondo quanto ritrovato in alcuni archivi, si dovevano svolgere all'interno di edifici pubblici. A questi avvenimenti non potevano certo non essere presenti i cambiavalute e i banchieri. Anche per ciò che riguarda l'approvvigionamento con carne fresca, Pompei dipendeva dall'esterno: l'allevamento di animali giovani per il consumo di carne, infatti, poteva avvenire solo fuori dalla città.

Quale importanza avessero questi prodotti per l'alimentazione della popolazione lo dimostrano i recenti esami osteologici eseguiti su alcuni campioni recuperati dagli scavi. Da questi è risultato che nelle case di abitazione, le *domus*, si seguiva una dieta più ricercata rispetto ai semplici appartamenti, alle *tabernae* e alle osterie. È difficile cogliere in quale misura si praticasse, all'interno della cinta muraria, la coltivazione di ortaggi e frutta e l'allevamento di bestiame di piccola taglia. Constatiamo però che nel 79 d.C. numerose case disponevano, oltre a singoli campi, anche di più modesti orti che, se non permettevano proprio l'autosostentamento, garantivano per lo meno un regime alimentare più ricco.

Per quanto riguarda i prodotti da forno, questi venivano fatti solo raramente entro le mura domestiche. Mentre il ritrovamento di macine a mano nelle ville extraurbane ma anche in alcune delle grandi *domus* in città attesta la produzione di pane, il ragguardevole numero di panifici in città testimonia che la maggior parte della popolazione preferiva acquistare prodotti già pronti. Questo discorso vale soprattutto per gli inquilini delle case più modeste o per chi era costretto a prendere in affitto gli umili piani superiori delle *insulae*. È interessante notare come a Pompei siano attestati alcuni panifici con macine e altri senza. Dislocate in tutta la città contiamo tre o quattro aziende completamente attrezzate, fornite di regola di tre o quattro macine. Erano fondamentali spazi ampi per poterle azionare e degli ambienti per lo stoccaggio del grano: allo stato attuale degli studi, infatti, non si conoscono magazzini pubblici (*horrea*) sufficientemente grandi in tutta la città. I panifici minori, invece, sono concentrati prevalentemente entro il perimetro della Altstadt o in alcuni settori a carattere artigianale, generalmente prospicienti le strade principali. È ragionevole supporre che in queste zone ci fosse una maggiore densità abitativa, e di conseguenza anche una maggior richiesta da parte dei consumatori. Proprio per l'assenza di macine negli impianti più piccoli si è supposto che questi dipendessero sostanzialmente da una fornitura costante di farina che a causa della sua limitata conservazione doveva essere lavorata in fretta. Purtroppo non si può dire se queste piccole attività fossero o no semplicemente delle filiali dipendenti da panifici maggiori.

Anche per ciò che riguarda i beni di consumo e i materiali da costruzione, la popolazione dipendeva da un apporto esterno. Per la produzione di tegole o di anfore, ma anche di contenitori più grandi in terracotta, erano necessarie delle apposite cave d'argilla, ma probabilmente anche degli impianti produttivi più complessi. Conosciamo diverse anfore e tegole bollate prodotte sia dalla famiglia degli Holconii sia da quella degli Eumachii. Sappiamo, inoltre, che Lucius Eumachius, il padre di Eumachia, possedeva una fornace per la cottura di laterizi che aveva fornito anche una *villa rustica* di Boscoreale, come dimostra il ritrovamento di diversi laterizi bollati. Mentre nei mesi estivi e in quelli immediatamente precedenti al raccolto aumentava la domanda e dunque la produzione di anfore, i rimanenti mesi dell'anno potevano essere impiegati per la produzione di mattoni e di tegole.

Gli esempi fin qui illustrati sembrano dar credito, almeno in un primo momento, all'ipotesi secondo cui Pompei sarebbe stata soprattutto un centro di consumo. Studi più recenti però invitano alla cautela e consigliano di dare risposte più differenziate, che tengano conto del limitato contenuto informativo dei dati a nostra disposizione. Alla domanda se Pompei fosse una città di produttori o piuttosto di consumatori non si può più dare una risposta univoca. Oggi siamo costretti a dare un peso maggiore alla grande varietà di officine minori che producevano i beni necessari a soddisfare la domanda di tutti i giorni. Il numero delle *tabernae* suggerisce che non servissero unicamente allo smistamento dei prodotti agricoli del retroterra di Pompei. La creazione con denaro pubblico di spazi a carattere economico, come nel caso della costruzione delle Terme Stabiane (pianta 5) e delle Terme del Foro, si spiega meglio se si presuppone un loro uso più complesso, che andasse oltre il semplice rifornimento primario di viveri.

Parallelamente a queste iniziative di carattere pubblico, anche alcuni privati incominciarono a costruire file di botteghe con evidenti scopi di lucro. Le botteghe, dotate generalmente anche di un ridotto spazio abitativo, venivano per lo più date in affitto. Non conosciamo le attività originariamente svolte in questi ambienti dal momento che solo raramente sono stati scavati i livelli precedenti al 79 a.C. Ugualmente non sappiamo in che modo venissero sfruttate in epoca imperiale. Per molto tempo dopo la scoperta di Pompei, gli scavi erano mirati semplicemente al ritrovamento di opere d'arte, mentre i ritrovamenti minori e frammentari, che nell'insieme potrebbero fornirci un'immagine più dettagliata della vita di 2.000 anni fa, non sono stati documentati.

Nonostante le limitazioni appena menzionate, negli ultimi anni è stato fatto molto per cercare di ricostruire la varietà e l'organizzazione dell'artigianato cittadino. Fino ad oggi rimane viva la discussione circa l'importanza della lavorazione tessile. Da un punto di vista macroeconomico è stata a lungo sostenuta l'ipotesi che Pompei fosse un significativo centro produttivo della lana, in grado di fornire con la propria merce anche mercati esterni. Oggi, questo modo di vedere le cose risulta superato, e lo è anche la presunta organizzazione secondo un sistema a gilda, in cui sarebbero stati coinvolti tutti gli strati sociali della città. Un'interpretazione nuova viene fornita soprattutto da un accurato esame del dato archeologico. I bacini, le tinozze e le superfici di lavoro, oltre ai sostegni per i paiuoli in cui venivano riscaldate le diverse sostanze liquide necessarie per la lavorazione, sono stati messi in stretto rapporto con la lavorazione della lana e sono presenti solo in contesti artigianali. Nel contempo non abbiamo alcun dato archeologico che ci attesti la presenza di telai o di rocche come elementi tipici dell'arredo delle case pompeiane. Solo il ritrovamento di 50 pesi da telaio nella modesta casa I 10, 8 (pianta 4) permette di ipotizzare un'attività tessile di tipo domestico che doveva svolgersi davanti ad un unico telaio.

Anche se questi dati parlano a favore di una lavorazione dei tessuti in un contesto extradomestico, non abbiamo elementi ulteriori per giungere ad una interpretazione più esaustiva. Grazie ad alcuni graffiti pompeiani siamo a conoscenza dell'attività di *fullones* (follatori), *tinctores* (tintori) e *coactiliarii* (feltrai). Sgrassatura, lavaggio, tintura e feltratura sono tutti processi che necessitano di vasche apposite e di strutture per il riscaldamento delle diverse sostanze liquide usate. A causa degli scavi spesso sommari, questi impianti, che hanno generalmente pareti sottili e una struttura abbastanza fragile, sono stati danneggiati: oggi è quasi impossibile attribuire ad una struttura una fase della lavorazione piuttosto che un'altra, o riconoscerne un eventuale impiego contemporaneo.

Le indagini degli ultimi anni hanno tuttavia permesso di individuare cinque botteghe la cui attività doveva essere limitata alla sola tinteggiatura dei tessuti (*officinae infectoriae*). Diversamente dalle *fullonicae* – le officine dei follatori (*fullones*) – ci troviamo generalmente in presenza di impianti con ambienti di dimensioni modeste forniti di qualche caldaia riscaldabile per la tinteggiatura, ma non di grandi vasche e di relativo scolo. A seconda della grandezza, queste caldaie erano funzionali alla tinteggiatura che avveniva attraverso l'impiego di sostanze coloranti e di altre sostanze attive.

Anche se in virtù dei graffiti sopra menzionati ipotizziamo la presenza di *officinae quactiliarie* (per la produzione di feltro) autonome, oltre alle *fullonicae* e alle *officinae infectoriae*, non possiamo negare che le poche officine, per quanto organizzate, non bastavano certo per fare di Pompei il centro principale della produzione tessile in Campania. Nel nostro caso, comunque, ci troviamo di fronte ad una cittadina di provincia, che autonomamente doveva essere in grado di coprire il bisogno di vestiti caldi e puliti, almeno dei suoi abitanti.

Lo stesso valga per la lavorazione delle pelli e del cuoio. Finora è stato possibile individuare almeno una conceria, presso il limite sud della città. Lo studio delle sue 15 vasche ha stabilito che l'officina esisteva già prima del 62, e che il numero delle botti era stato aumentato da 3 a 7 e infine a 15. Sembra poi che l'attività si sia appropriata anche del terreno adiacente, in modo da poter immergere le pelli in vasche con acqua corrente e tagliarle su appositi tavoli. La mancanza di botteghe per la vendita ci induce ad ipotizzare una distribuzione della merce in botteghe distaccate, site forse presso le vie principali di Pompei. D'altronde, la posizione della conceria ai margini della città non avrebbe certo attirato molti clienti.

L'immagine qui delineata è trasferibile anche ad altre attività, come ad esempio la lavorazione dei metalli. Sulla base delle testimonianze letterarie si è pensato per molto tempo che il fabbisogno della cittadina fosse coperto dai prodotti provenienti da Capua. Nel frattempo sono state individuate alcune officine – non solo botteghe – la cui regolare distribuzione su tutto il territorio cittadino ha nuovamente fatto pensare che la città fosse veramente in grado di coprire il suo fabbisogno di oggetti d'uso comune. Oltre agli oggetti per la casa e ai cardini delle porte, l'offerta comprendeva anche vari attrezzi da giardino e da lavoro. Dall'officina situata fuori Porta Vesuvio provengono alcune parti di una statua di giovane in bronzo, poco più piccola del naturale. Prodotti di artigianato in metallo più raffinato, fra cui spiccano alcuni oggetti in argento, sembrano riferibili alla casa VI 7, 20-22 (pianta 4), almeno in parte allestita ad atelier. Il ritrovamento più importante, ma a tutt'oggi non studiato a fondo, proviene da due case confinanti tra loro, affacciate sulla Via di Nola. Oltre a centinaia di pezzi singoli, fra cui si contano sia statuette figurative che dozzine e dozzine di frammenti di recipienti, è stato possibile identificare un'area relativa all'officina, al centro del complesso, distinta da quella occupata dalla bottega. Lo stato di conservazione di alcuni pezzi fa pensare ad un riutilizzo del metallo recuperato da arnesi ormai inutilizzabili. Sono così attestate tracce sufficienti ad ipotizzare una lavorazione del metallo molto differenziata. Siamo insomma in presenza di un artigianato locale, in grado di creare o di rielaborare oggetti anche molto complessi e destinati ad un utilizzo certamente raffinato.

Che la cittadina fosse in buona parte in grado di coprire la domanda della sua popolazione è confermato anche dall'esame di altri rami dell'artigianato: oltre all'atelier di un pittore, in cui furono trovati numerosi recipienti che conservavano ancora tracce di colore, è attestata anche la produzione di lucerne in terracotta. A Pompei, inoltre, venivano prodotti anche beni di lusso come ad esempio profumi. Vale la pena approfondire un po' questo aspetto. Per quanto concerne l'identificazione di queste «fabbriche del profumo» è di fondamentale importanza un dipinto proveniente dalla famosa Casa dei Vettii (pianta 4: VI 15, 1.27). La scena raffigurata mostra una serie di amorini alati intenti alla fabbricazione e allo smercio di essenze profumate. La base legante di queste essenze è l'olio d'oliva che, nell'affresco, viene ricavato per mezzo di una pressa azionata dagli stessi amorini. I fiori ma anche altre parti della pianta venivano innanzitutto pestati nei mortai. Poi si riscaldava l'olio e i rimanenti prodotti a fuoco lento per evitare colorazioni e spiacevoli alterazioni del profumo. Grandi quantità di petali provengono, come hanno dimostrato le analisi paleobotaniche eseguite negli ultimi decenni, da estese coltivazioni di fiori in quelli che sembrano essere dei veri e propri vivai. Nell'antichità, la Campania era famosa soprattutto per le sue rose.

Grazie all'individuazione delle caratteristiche presse per l'olio, siamo a conoscenza di almeno tre officine per la produzione di profumi nell'area del primo nucleo abitativo e nelle immediate vicinanze del foro. Diversi indizi ci fanno intendere che la produzione di profumi doveva essere un'attività davvero lucrativa. Questi successi spiegano anche il motivo per cui la categoria professionale dei profumieri pubblicizzò e raccomandò dei propri candidati per le elezioni scrivendone i nomi su alcune facciate nell'angolo nord-est del foro. Anche in questo caso, dunque, possiamo presumere una sostanziale copertura della richiesta locale con i soli profumi prodotti in città. Pompei non era né una città di soli consumatori, né una città volta in prima linea alla produzione di beni. Piuttosto, sembra che entrambi i fattori abbiano influito in modo fondamentale sull'economia cittadina. Se si vorrà giungere ad una comprensione più matura e completa del fenomeno, le future indagini dovranno tener conto maggiormente delle strutture e dei cicli produttivi microeconomici.

Le essenze profumate erano senz'altro fondamentali anche per chi svolgeva un'altra attività cui qui non si è ancora fatto cenno, ma a cui Pompei deve certamente parte della sua fama: la prostituzione. Già nel II secolo a.C. il poeta Plauto si faceva beffe degli odori penetranti con cui certe donne adescavano i propri clienti nel Foro Romano, nella speranza di vendere le proprie prestazioni. Nella Pompei di età imperiale la situazione non doveva essere molto diversa. Il caso della città campana è importante perché ci tramanda l'unico bordello sicuramente identificato dell'antichità. Per gli animi semplici, dalla sua messa in luce il lupanare divenne il simbolo della vita viziosa e dissoluta di Pompei e della depravazione dei suoi abitanti, giustamente puniti dall'eruzione del Vesuvio. Anche se sembra che la prostituzione fosse praticata in più punti della città, come deduciamo da un accurato esame di tutti gli indizi disponibili, bisogna pur sempre tener conto delle molteplici sfaccettature del fenomeno.

L'ubicazione del lupanare in corrispondenza di un crocicchio della Altstadt, un po' ai margini delle trafficatissime vie principali, è stata spiegata con l'intento da parte dei pompeiani di sottrarre agli sguardi del pubblico il via vai intorno alle case di piacere e l'amore acquistabile, visto evidentemente come incarnazione di un comportamento scandaloso (pianta 4). È lecito però perlomeno mettere in dubbio questa teoria. Tenendo conto dell'alta densità di osterie e di botteghe, il quartiere in cui si trovava il bordello pubblico era certamente uno dei più vitali della città. L'edificio, tutt'altro che isolato dalla vita di tutti i giorni, era eccezionalmente piccolo, con due ingressi che davano sulle viuzze limitrofe. I minuscoli cubicoli con all'interno gli stretti letti in muratura sono addossati gli uni agli altri. Inutile dire che un ambiente di questo genere non faceva certo sorgere anche solo un minimo senso di intimità. Le scene erotiche dipinte sopra le porte illustrano i brevi piaceri di una clientela semplice. Nel caso che non si riuscisse a trovare qui una fanciulla di proprio gradimento, rimaneva sempre la possibilità di tentare la fortuna due strade più in là. Anche lì infatti, come d'altronde pure in altri punti della città, si trovavano delle piccole stanzette singole con l'ingresso direttamente dalla strada. I letti in muratura non lasciano dubbi su quale fosse la professione ivi svolta. I numerosi scarabocchi sulle pareti del bordello rinviano comunque prevalentemente ad una clientela di bassa estrazione sociale. Alcuni nomi di prostitute ci sono noti grazie anche ad una serie di piccole stanze poste al primo piano in una zona rispettabile della città. Bisogna dunque domandarsi se i membri dell'élite cittadina non frequentassero le prostitute proprio qui se non addirittura nei propri appartamenti, certamente ben più dignitosi e accoglienti. Riuscire ad identificare questi appartamenti da un punto di vista architettonico risulterà abbastanza improbabile.

Le tariffe di cui abbiamo notizia dalle semplici celle e grazie ai graffiti pubblici sembrano abbastanza contenute, anche se quelle delle prostitute più celebri erano superiori di almeno un multiplo. Per fare un paragone, i prezzi di queste ultime erano ben più alti rispetto al prezzo d'ingresso alle terme cittadine. La cifra tuttavia rimane contenuta e si aggira ancora intorno a qualche manciata di assi o pochi sesterzi, all'incirca il guadagno di un giorno di lavoro.

Se tali somme non dovevano essere molto diverse da quelle vigenti in città più grandi come Capua, Napoli o anche Roma, la scoperta dell'archivio personale di un banchiere, Lucius Caecilius Iucundus, dimostra quanto fosse modesta la circolazione di denaro nella cittadina di provincia. Alcune tavolette cerate con quietanze che vanno da poche centinaia fino alla somma massima di più di 30.000 sesterzi, ci forniscono un'immagine caratteristica, anche qualora il creditore Iucundus fosse stato solo un pesce piccolo fra quelli della sua corporazione. I mutui milionari che venivano contratti da senatori e magistrati romani per l'acquisto di raffinate *domus* nei luoghi più ambiti di Roma sono tutt'altra cosa.

2. *La convivenza fra vicini come nella moderna Napoli: la Casa dei Postumii e l'Insula Arriana Polliana*

Chi passeggia nelle strade della Napoli nuova non potrà non notare la stretta convivenza fra ricco e povero. I palazzi, non di rado un po' malandati in facciata, si articolano generalmente intorno a tranquilli cortili interni. Il primo piano ospita di norma spaziosi appartamenti che occupano tre o addirittura tutti i quattro lati dell'edificio. Sono in forte contrasto con questo quadro i minuscoli appartamenti con una o due piccole stanzine (*bassi*) nel piano terra che si aprono direttamente sulla strada. È una caratteristica tipica che tutte le principali attività si svolgono all'aperto, dal mangiare ai diversi lavori domestici, quali ad esempio fare il bucato. Anche uno sguardo veloce svela le molteplici funzioni di questi ambienti: stanza da letto, soggiorno, cucina, officina, e se necessario camera dei bambini.

Anche se lo sfondo sociale ed economico di questo tipo di convivenza è mutato, è ancora possibile ravvisare alcuni punti in comune fra l'odierno modo di vivere a Napoli e l'architettura domestica dell'antica Pompei. Questo fatto assume un'importanza ancora maggiore se si considera che l'architettura antica è una testimonianza importantissima per l'organizzazione della produzione e del commercio, ma anche per quanto riguarda il retroscena sociale dell'economia cittadina. È stato possibile individuare una serie di indizi circa la ramificata produzione locale di beni, ma non è ancora stato chiarito se si trattasse di attività in proprio, oppure di attività dipendenti. Nonostante il dato architettonico ci fornisca diversi elementi, questi non bastano per darc una risposta certa a questo quesito. Essi tuttavia restringono la varietà di approcci possibili e vanno dunque studiati più attentamente.

Delle botteghe si è già trattato in precedenza insieme alla costruzione delle Terme Stabiane e delle Terme del Foro, ma anche quando si è parlato della prosperità economica conosciuta da Pompei verso la fine del II secolo a.C. Le file di *tabernae* a cui abbiamo fatto cenno possono trovarsi anche ai margini delle grandi *domus* cittadine, lungo le vie più trafficate. In questo quadro si inserisce bene la Casa dei Postumii (pianta 4: VIII 4, 4.49; pianta 5), la cui attribuzione rimane tuttavia ancora incerta. Essa si trova direttamente di fronte alle Terme Stabiane, nel punto in cui la Via dei Teatri si dirama dalla Via dell'Abbondanza per condurre il più rapidamente possibile al Foro Triangolare e al quartiere dei Teatri. Dalla strada quasi non si intuiva che dietro la facciata sorgeva una *domus* se non proprio lussuosa sicuramente più che confortevole.

Le facciate a nord e ad ovest, ma anche a sud verso la Via del Tempio di Iside, erano occupate interamente da botteghe. Non è più possibile ricostruire quali attività vi si svolgessero se non in alcuni casi isolati. Con certezza è stata identificata un'officina per la lavorazione dei metalli e un'osteria. Di particolare interesse per il nostro discorso risultano le recenti osservazioni fatte a proposito dei rapporti di proprietà. Sembra che almeno otto delle dieci botteghe confinanti fra loro appartenessero ad un unico proprietario. Lo deduciamo dalla presenza sul retro di porte che fungevano da collegamento fra le *tabernae* e la casa. In altri casi questo stretto rapporto ci viene suggerito dalla storia edilizia del complesso e dalla presenza di un comune sistema di scolo per le acque.

Viene spontaneo chiedersi come mai alcune botteghe fossero accessibili anche dalla casa, mentre altre solo dalla strada. È ragionevole pensare che questa situazione rispecchiasse forme di controllo e rapporti di dipendenza di tipo diverso. Con ogni probabilità le botteghe che si affacciano sulla Via dell'Abbondanza erano gestite da schiavi o da liberti su incarico del padrone di casa. Nel caso delle quattro *tabernae* presso il limite occidentale della Via dei Teatri manca, invece, ogni forma di collegamento con la *domus*. Inoltre, queste disponevano di una sorta di soppalco accessibile tramite ripide scale, di una latrina e di tutto ciò che era necessario per potervi abitare. Che queste *tabernae* non fossero solo semplici botteghe, ma che potessero anche essere abitate, lo si evince inoltre dalla conformazione della soglia. Anche dopo la chiusura del passaggio con una porta scorrevole, rimaneva aperta una stretta apertura laterale, una specie di porta notturna, che permetteva di entrare e di uscire dal negozio anche fuori degli orari di apertura. È legittimo ritenere che queste botteghe fossero usate anche come spazi abitativi. Come lasciano intendere i semplici affreschi dei vani del retrobottega, ci si preoccupava anche di garantire almeno un minimo di accoglienza e di comfort. Anche se non possiamo più determinare il numero esatto degli inquilini, si può presumere che vi abitasse una famiglia nucleare. È probabile, insomma, che gli inquilini fossero degli affittuari o dei locatari.

Da dove provenivano però la merce e i generi alimentari che venivano lavorati e venduti in queste *tabernae*? Il padrone di casa otteneva dai suoi campi intorno a Pompei raccolti tali da riuscire a venderli in città? Mentre per le ricche e rinomate famiglie degli Holconii e degli Eumachii, che come abbiamo già avuto modo di vedere erano degli importanti produttori di vino, possiamo presumere di sì, abbiamo in genere notizie insufficienti circa la produzione agricola e la lavorazione di altri generi alimentari quali ad esempio olio, formaggio, latticini e carne. I dati che provengono dallo studio della Casa dei Postumii permettono tuttavia di cogliere alcuni aspetti interessanti circa la lavorazione in grande stile di generi alimentari. All'altezza del giardino, la *domus* possedeva ad est un ambiente piuttosto allungato, interpretato dagli studiosi comunemente come cucina, in cui furono individuati, oltre ad un focolare ed una latrina, anche diverse vasche e un congegno per riscaldare grandi quantità di liquidi. Una conduttura in piombo per l'acqua corrente e una grande lastra di calcare lunga 2,40 metri potrebbero essere riferiti alla lavorazione di generi alimentari, in questo caso presumibilmente anche di carne. Siamo indotti a dare un'interpretazione di questo tipo anche in virtù di un graffito, individuato e documentato dagli scavatori nel XIX secolo non lontano dall'ingresso occidentale, riservato agli schiavi. I 125 chilogrammi di grasso di maiale e i 200 bulbi di aglio menzionati – si tratta probabilmente della lista della spesa di uno schiavo – superano abbondantemente il fabbisogno di un unico abitante. È meglio prendere in considerazione la possibilità che venissero lavorati ulteriormente per poi essere venduti, quasi certamente in uno dei negozi.

Genere e quantità dei cibi e dell'arredamento della cucina nella Casa dei Postumii sottolineano l'importanza dell'attività e della produzione di tipo domestico come ramo economico fondamentale per il sostentamento della città. Un esame più attento delle cucine di altre grandi case d'abitazione di Pompei molto probabilmente ci indicherebbe che, oltre alla preparazione dei pasti e ai preparativi per eventuali ricevimenti, in molti casi venivano svolte anche attività diverse, forse anche di carattere commerciale. La trasformazione dei generi alimentari nei termini in cui è appena stata descritta era sicuramente volta ad un ulteriore profitto e doveva garantire al padrone di casa un'entrata aggiuntiva – esattamente come abbiamo potuto vedere per l'affitto delle botteghe. Se poi si tiene conto che la maggior parte dei proprietari delle lussuose *domus* non svolgeva alcun lavoro che avrebbe garantito almeno un'entrata minima in contanti, allora ci rendiamo conto di quale peso avessero effettivamente gli introiti degli affitti e il ricavato delle vendite per coprire i bisogni di tutti i giorni.

Il complesso dei Postumii non era però composto solo da una parte abitativa interna e dalle botteghe dislocate intorno. Nell'angolo nord-est si sono conservati l'ingresso, una parte della scala e la porta del piano superiore, elementi che permettono di ricostruire con certezza un appartamento a sé stante al primo piano. Questo appartamento disponeva di almeno tre ambienti e si estendeva lungo tutta la facciata nord dell'edificio che doveva dunque essere almeno a due piani. Dal momento che le antiche fonti del diritto non ci attestano l'esistenza di immobili in comproprietà, anche questo appartamento dovrebbe poter essere attribuito ad un unico complesso nelle mani di un solo proprietario, composto da un nucleo abitativo e da negozi. Anche in questo caso sembra trattarsi di un cosiddetto *cenaculum*, cioè di un appartamento destinato ad essere dato in affitto. Purtroppo non ne conosciamo né gli inquilini, né l'estrazione sociale di questi.

Come fosse effettivamente la convivenza quotidiana in un vicinato di questo tipo, composto da alloggi servili, diverse botteghe e appartamenti in affitto indipendenti, lo si arguisce anche dall'esame della nota Insula Arriana Polliana (pianta 4: VI 6; pianta 6). In questo caso riusciamo a comprendere meglio l'architettura, grazie anche ad una specie di annuncio di affitto, che originariamente si trovava vicino all'angolo sud-ovest dell'edificio e che indicava lo stesso con il nome Insula Arriana Polliana. Citando liberamente, l'annuncio dice: «Insula Arriana Polliana di Cnaeus Alleius Nigidius Maius: dal prossimo 1° luglio si affittano botteghe con piano superiore, appartamenti di lusso e abitazioni. Interessati si rivolgano a Primus, servo di Cnaeus Alleius Nigidius Maius». Le unità abitative date in affitto (*tabernae cum pergulis suis et c[e]nacula equestria et domus*) sono recentemente state attribuite in modo convincente al complesso architettonico dell'*insula*. Pare che non fosse data in affitto tutta la casa, ma piuttosto solo le abitazioni (*domus*) del lato orientale, altri appartamenti raggiungibili da una scala separata al piano superiore (*cenacula*) e alcune botteghe con soppalco. Per quanto riguarda queste ultime, deve trattarsi di almeno tre *tabernae* lungo la strada principale a sud, la Via delle Terme. Insomma, abitazioni-botteghe in un punto strategico per gli affari. Chi veniva da Napoli o vi doveva andare era quasi costretto a passare di qui. Fatta eccezione per una bottega con un passaggio nel retro, si tratta di unità a sé stanti, ideali per chi volesse prenderle in affitto. Che tutto il complesso appartenesse ad un unico proprietario è confermato dalla facciata regolare e soprattutto dall'unica grande cisterna sotto la fila di botteghe.

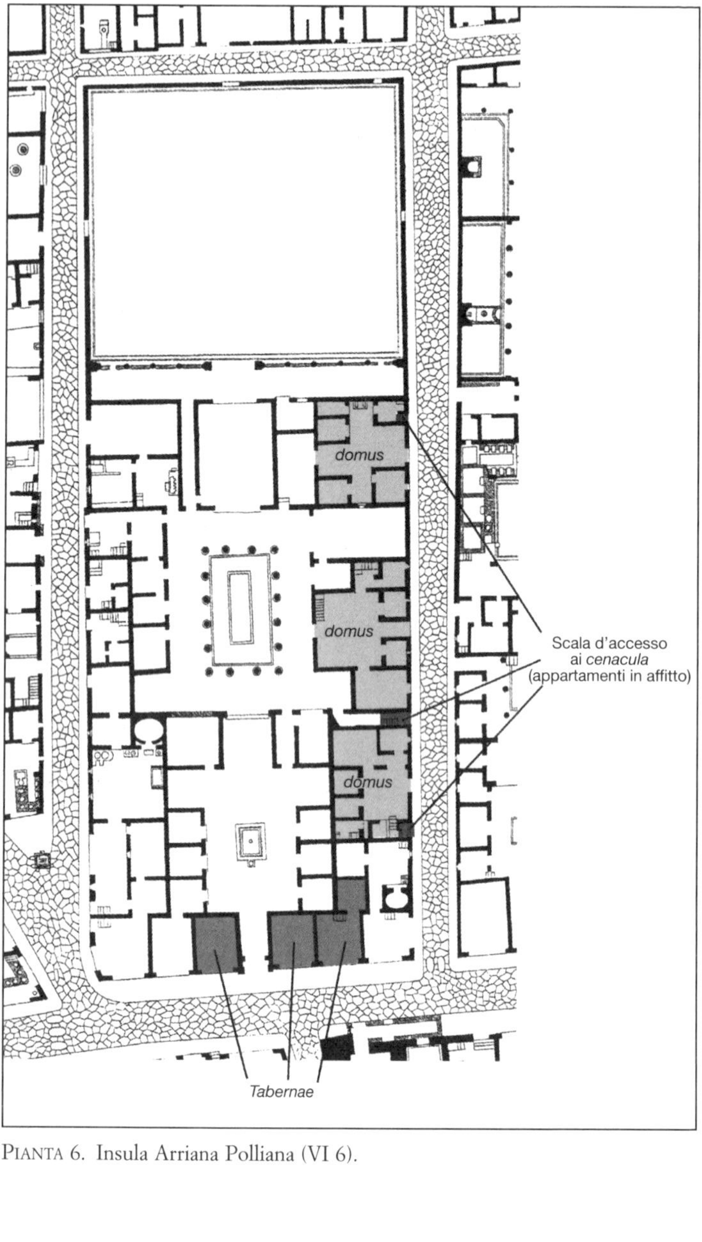

PIANTA 6. Insula Arriana Polliana (VI 6).

L'invito a rivolgersi al servo Primus, nel caso si fosse interessati all'appartamento, ci descrive bene quale dovesse essere la fiducia reciproca fra padrone e servo, se non altro in queste faccende che riguardavano l'affitto. È interessante notare come l'annuncio parlasse solo di spazi abitativi. I due panifici ad est e ad ovest, che disponevano di spazi per la vendita dei prodotti nelle botteghe presso gli angoli del complesso, erano probabilmente già dati in affitto, e la *domus* stessa non doveva più essere disponibile. È probabile, infatti, che fosse abitata dallo stesso Alleius Nigidius Maius. Negli ultimi anni di vita di Pompei, il nostro personaggio era sicuramente uno dei cittadini più influenti della città. Per aver promosso costosi spettacoli nell'anfiteatro ottenne il titolo di *princeps munerariorum* quale maggiore mecenate della città.

Le dimensioni della casa, la realizzazione di un'enorme sala da pranzo dietro il giardino e il ritrovamento di un gruppo statuario di Bacco e Satiro in bronzo rivelano l'agiatezza e la stima di cui godeva il nostro personaggio. Gli stessi elementi ci inducono a pensare, diversamente da quanto sostenuto a lungo, che la *domus* non fu abbandonata dopo il terremoto. Nigidio, dunque, non si sarebbe ritirato presso una tenuta nel circondario di Pompei, come hanno fatto molti suoi concittadini. L'ipotesi coincideva con l'opinione che il terremoto avesse causato anche un dissesto economico. Le vecchie famiglie avrebbero voltato le spalle alla città distrutta – c'era chi parlava addirittura di una vera e propria fuga dalla città – e avrebbero così permesso ai liberti arricchitisi col tempo di prendere in consegna le principali cariche della città e di assumere un influsso crescente, non ultimo economico. Questa interpretazione che capita di leggere in molte pubblicazioni ancora oggi, non è sostenibile in quanto non è supportata né da evidenze di tipo archeologico, né da iscrizioni e neppure da studi prosopografici, ovvero relativi all'onomastica antica. Probabilmente si deve partire dall'assunto che le famiglie senza discendenti privilegiassero personaggi emergenti di estrazione servile, e in casi particolari lasciassero loro per testamento il proprio patrimonio, per garantire così la continuità degli averi. Con ogni probabilità beneficiò di una regolamentazione di questo tipo proprio il nostro Alleius Nigidius Maius.

La sua casa aveva già all'epoca più di 200 anni. La facciata eseguita in blocchi quadrati di tufo con una serie di raffinati capitelli, l'ampio accesso che permetteva di sbirciare all'interno della *domus*, e il vastissimo atrio (*atrium*) con gli ambienti e le porte dislocati simmetricamente, contribuiscono a farne apparire la rovina raffinata e lussuosa ancora oggi. Un ospite dell'epoca cui fosse permesso di giungere fino al giardino-peristilio non poteva non accorgersi immediatamente di trovarsi all'interno di uno dei complessi più prestigiosi dell'intera città. Una costruzione di questo tipo poteva permettersela solo chi disponeva di un terreno vastissimo, e chi non doveva tener conto delle case circostanti, nonostante la concentrazione di edifici in città fosse già alta. Anche uno sguardo alla pianta dell'edificio lascia trasparire numerose informazioni circa le esigenze e il modo di presentarsi di chi per primo commissionò i lavori. Il confronto con altri palazzi di epoca preromana non fa che confermare queste osservazioni.

CAPITOLO QUARTO

ABITARE NEL LUSSO

1. *Abitare in un palazzo ellenistico: la Casa del Fauno*

A rendere Pompei popolare e più famosa della vicina Ercolano hanno contribuito soprattutto le molte abitazioni messe in luce e i numerosi affreschi e mosaici, spesso ancora in buono stato di conservazione. Le decorazioni parietali di età imperiale che possiamo ammirare ancora oggi ad Ercolano sono particolarmente raffinate, e i colori impiegati sono spesso più pregiati e costosi di quelli pompeiani. Tuttavia, è stata Pompei e non Ercolano ad aver influenzato l'idea che ci siamo fatti del modo di abitare degli antichi romani. Di regola però si dimentica che i grandi palazzi in città, come il complesso che più tardi sarebbe diventata l'Insula Arriana Polliana (pianta 6), o la Casa del Fauno (pianta 7), erano stati edificati in epoca preromana ed abitati da famiglie sannitiche: nel periodo che va dagli inizi fino alla metà del II secolo a.C. neanche le case dei senatori a Roma potevano competere con quelle del golfo di Napoli. Con una superficie di quasi 3.000 m^2 la Casa del Fauno occupava un'intera *insula*. Se oltre all'estensione teniamo conto anche del fatto che all'epoca le case erano spesso a due piani, allora il confronto dev'essere fatto con i palazzi regali delle metropoli ellenistiche del Mediterraneo orientale. I commercianti italici ebbero modo di conoscere uno stile di vita assai lussuoso durante l'espansione di Roma, dagli inizi del II secolo a.C. in avanti, e lo imitarono poi in Italia con estrema abilità.

Non è casuale che la Casa del Fauno si trovi lungo la Via della Fortuna, uno dei due assi est-ovest della città. All'élite cittadina era richiesta una certa presenza in pubblico, sotto ogni punto di vista, e a questa regola non si sottraevano neanche le loro case. Anzi, le facciate di queste

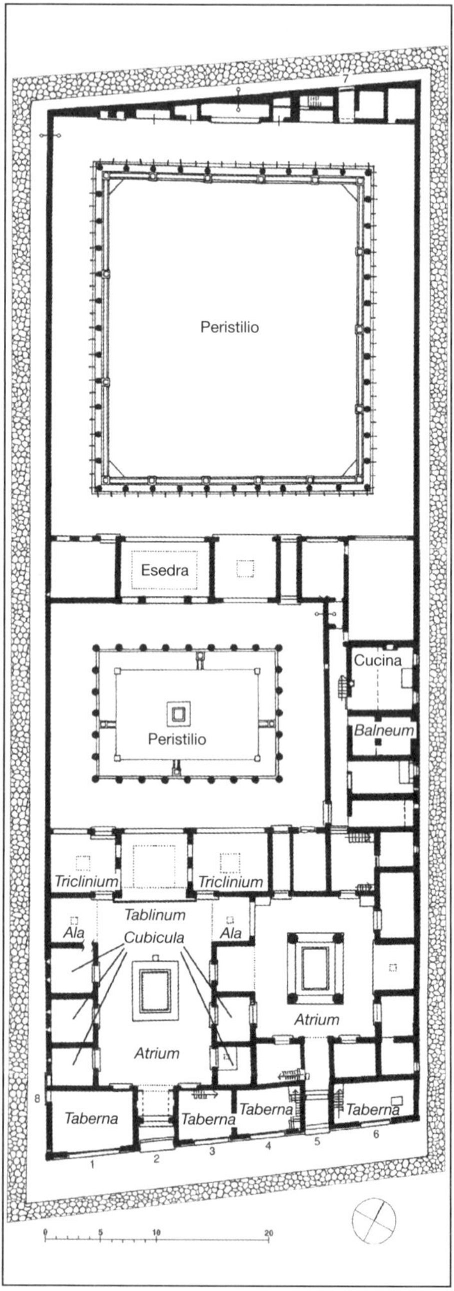

PIANTA 7. Casa del Fauno (VI 12, 2.5).

dovevano essere, in base alle possibilità dei rispettivi proprietari, dei veri e propri punti di riferimento all'interno della città. La nostra *domus* spiccava fra le altre case non solo per la larghezza della fronte lungo la strada, ma anche per l'impiego di particolari materiali da costruzione e per la decorazione della facciata con capitelli e lesene. Mentre i palazzi che un tempo erano situati sul lato est del foro in posizione preminente furono distrutti e al loro posto sorsero edifici nuovi, la Casa del Fauno può fornirci ancora oggi l'impressione di quale fosse la qualità di vita offerta da tali ville. Come abbiamo notato già nel caso dell'Insula Arriana Polliana (pianta 6), anche qui i due ingressi, di cui quello orientale fu creato solo durante gli interventi di restauro nel corso del II secolo, sono fiancheggiati da una serie di *tabernae*. Due delle quattro *tabernae* disponevano di un passaggio verso la casa, mentre dalle altre due si poteva accedere tramite una scala ad un piano ammezzato abitabile. Anche in questo caso, il committente della costruzione aveva investito da subito in spazi e abitabili e commerciali da dare in affitto. I due ingressi, incorniciati da alti pilastri, si aprivano fra una bottega e l'altra e immettevano all'interno del complesso. Il palazzo è una delle poche *domus* pompeiane a disporre di due *atria*, entrambi con un allestimento davvero significativo. Se proviamo ad immaginare quale effetto l'edificio doveva avere su chi entrava, il termine «palazzo» appare quanto mai appropriato.

L'altezza dei due atri era veramente notevole. Le loro pareti imitavano un'architettura in opera quadrata, eseguita con materiali lapidei diversi. La superficie, inoltre, non era solo dipinta con colori diversi ma era costituita da un vero e proprio modellato plastico in stucco (primo stile pompeiano). Parlando della basilica si è già accennato che una decorazione di questo tipo era presa in prestito dall'architettura pubblica, e che era mirata ad imitare lo sfarzo degli edifici cittadini più prestigiosi. Quest'ipotesi è inoltre convalidata della presenza di un illusionistico secondo piano nei due atri. Alcuni resti della decorazione a stucco permettono di ricostruire una galleria scandita da semicolonne che nella parte alta della parete correva tutt'intorno all'atrio. Fra una colonna e l'altra doveva esserci un parapetto che aveva la chiara funzione di dare l'illusione di una *porticus* circondata da una serie di ambienti abitabili. A questo punto la nostra attenzione deve rivolgersi alle porte.

Un'occhiata attenta ci fa notare come le porte degli ambienti intorno all'atrio, indipendentemente dalla forma e dalla grandezza degli spazi, fossero disposte non solo in modo simmetrico ma anche ad una distanza regolare una dall'altra. Dal momento che le porte avevano tutte le stesse dimensioni, solo chi conosceva il palazzo sapeva a quale stanza si accedesse attraverso una determinata porta. Entrando dalla Via della Fortuna, i primi ambienti lungo i lati dell'atrio erano adibiti a stanze da letto (*cubicula*), chiuse da porte a due ante, mentre nella parte posteriore si aprivano le due *alae*, e in asse con l'ingresso il *tablinum*. Questi spazi fungevano forse da sala di ricevimento per piccoli gruppi di persone.

Si può cogliere la rigida disposizione dell'*atrium* orientale, un po' più piccolo di quello appena descritto, accedendovi da ovest, come era inizialmente previsto. Anche in questo caso chi entrava si trovava di fronte il *tablinum*, mentre fra le porte rimanenti si può notare uno stretto rapporto di simmetria. Chi aveva la fortuna di essere introdotto fin qui, aveva modo di notare due casse con elementi in bronzo, che contenevano metallo prezioso e denaro, indizio evidente della ricchezza del padrone. Anche se non sappiamo se nell'antichità le porte battenti rimanessero generalmente aperte oppure chiuse, il loro numero ci induce a supporre che avessero quasi la funzione di sottolineare l'ampiezza del complesso: in città, una *domus* con due atri fiancheggiati su ogni lato da stanze abitabili rivela all'istante quali fossero i mezzi, quasi illimitati, e l'influenza del committente. In virtù del quadro appena descritto, non dobbiamo più meravigliarci delle porte finte che spesso venivano dipinte sulle pareti.

Anche se delle decorazioni parietali della Casa del Fauno sono rimasti solo pochi resti, i rivestimenti dei pavimenti ci trasmettono un'immagine assai significativa. I pavimenti, preziosissimi, sono composti da piccole tessere policrome di pietra, di forma geometrica, disposte ordinatamente per terra, come riscontriamo ad esempio nell'*impluvium* (la vasca per raccogliere l'acqua piovana) o nel *tablinum*. La soglia verso l'atrio era decorata con un ricco mosaico. Le maschere tragiche qui raffigurate rimandano ad un ambito dionisiaco e verosimilmente sono da mettere in relazione con quelle leghe di attori professionisti (tecniti) che sfilavano durante le processioni in onore della divinità. Nelle stanze adiacenti invece si trovavano scene e motivi che alludono alla commedia, esaltando così il carattere più intimo dello spazio. Da uno dei due *triclinia* a lato del *tablinum* proviene il famoso mosaico dei pesci che raffigura con una notevole correttezza anatomica una serie di colorati e pregiati pesci commestibili. Nell'*ala* orientale, invece, sono raffigurati uccelli ancora in vita e diversi tipi di frutti di mare. Immediatamente dietro, sul bordo dell'*impluvium*, doveva trovarsi originariamente la statuetta del satiro o del fauno che diede il nome alla casa. La copia della statua è stata collocata recentemente al centro della vasca. Completano infine il quadro i cosiddetti «pavimenti punici» nelle sale adiacenti l'atrio tetrastilo e intorno al piccolo peristilo, eseguiti con tessere colorate in pietra o in pasta vitrea.

La varietà delle suppellettili e il numero delle stanze intorno all'atrio permetteva al padrone di casa di scegliere l'ambiente più adatto, a seconda delle occasioni. Meraviglia dunque ancora di più che dal peristilio sul retro della casa fossero di regola accessibili solo poche stanze. I contemporanei probabilmente rimanevano affascinati soprattutto dall'ampiezza dei due peristili. I portici potevano essere usati per le deambulazioni, mentre i platani all'interno del cortile invogliavano a fermarsi per fare due chiacchiere all'ombra. In un primo momento fu allestito unicamente il piccolo peristilio. Solo durante i lavori per il secondo peristilio il committente fece costruire le stanze fra i due cortili. Merita un'attenzione particolare soprattutto l'esedra (*exedra*) con il suo largo ingresso orientato a sud. Fu qui che venne rinvenuto il famoso mosaico di Alessandro, oggi al Museo di Napoli, con la rappresentazione della battaglia dei macedoni con a capo Alessandro contro l'esercito persiano di Dario. Con circa un milione e mezzo di tessere per una superficie di quasi 20 metri quadrati, il mosaico copre quasi tutta la superficie pavimentale del vano. Per questo motivo è anche stato pensato che l'*exedra* avesse solo una funzione dimostrativa, senza che nessuno potesse effettivamente accedervi.

Gli studiosi sono concordi nel ritenere che il mosaico sia una copia, realizzata in pietra, di un dipinto eseguito verso il 300 a.C. La posizione del mosaico, insieme alla sua qualità e al tema rappresentato, ne fa qualcosa di ben più importante di una semplice copia di una nota opera d'arte. Ci si può domandare come mai un abitante di Pompei abbia scelto, 200 anni dopo le gloriose gesta del condottiero Alessandro, di far eseguire nella sua casa un mosaico così impegnativo con la vittoria contro i persiani. Si è tentato più volte di dare una spiegazione collegando in qualche modo la famiglia del proprietario della casa con le campagne militari in Oriente. Attenendosi ad alcune fonti letterarie è stato supposto che un antenato del nostro proprietario, di discendenza sud-italica, avesse partecipato a queste campagne. L'ultimo proprietario della Casa del Fauno, di cui purtroppo non conosciamo il nome, avrebbe cioè voluto alludere all'antica tradizione della sua famiglia e ai meriti in guerra dei suoi predecessori.

Sebbene il palazzo del Fauno rappresenti un'eccezione, abbiamo anche altre *domus* che confermano le caratteristiche appena descritte, tipiche delle case più sfarzose. Si pensi soprattutto alla creazione dei peristili e al modo di allestire gli atri per dar loro maggior importanza. Gli ingressi delle *domus* davano sempre sulla più vicina strada principale, e dovevano impressionare con facciate meravigliose. In città queste case erano note a tutti. A causa delle alterne vicende di cui fu vittima Pompei negli ultimi 200 anni della sua esistenza, fino al 79 d.C., molte delle tracce di quest'epoca più antica sono state cancellate. Soprattutto non è più dato ricostruire l'influsso esercitato dall'architettura ellenistica sulle abitazioni più modeste. È vero che l'architetto romano Vitruvio tentò quasi un secolo più tardi (verso il 25 a.C.) di trattare in modo sistematico le proporzioni e le caratteristiche formali della casa ad atrio. È però altrettanto vero che la troppa schematicità del suo trattato di architettura rende poca giustizia alla ricca e sfaccettata situazione di Pompei.

Se si osservassero più attentamente le numerose soluzioni di compromesso adottate dai committenti per riuscire ad allestire anche solo un piccolo peristilio o almeno una *porticus*, anche quando lo spazio a disposizione era limitato, allora noteremmo quale fosse l'entusiasmo dei committenti per le nuove forme architettoniche e la nuova concezione dello spazio. Anche per quanto riguarda le dimore più semplici di questo periodo, le nostre conoscenze sono piuttosto lacunose. È certo però che almeno per quanto concerne i quartieri orientali ci fu all'epoca un tipo di parcellizzazione delle *insulae*, non dissimile da quella delle case a schiera, che si spiega solo con l'insediarsi di un consistente gruppo di persone di origini umili. Queste case disponevano generalmente solo di un cortile a cielo aperto, non però di un vero e proprio atrio. Nei modesti orti si coltivava qualche ortaggio e si teneva qualche pollo, ed eventualmente anche una pecora o un maiale. In questo senso non si ebbero sostanziali cambiamenti fino all'epoca imperiale.

Il ruolo della Casa del Fauno come testimone d'eccellenza per il tentativo di ricostruire la cultura dell'abitare secondo un modello ellenistico a Pompei non si basa su una coincidenza, anzi: al contrario, la rinuncia ad ogni intervento di restauro della decorazione parietale e delle pavimentazioni, e il voler dunque mantenere la situazione creatasi in epoca preromana, sembra piuttosto una decisione programmatica. Nel corso del I secolo a.C., plausibilmente in concomitanza con la fondazione della colonia, i proprietari decisero di mantenere il palazzo come una sorta di *monumentum*. Sembra che ci sia stata una forte volontà di alludere alla storia e all'origine locale della famiglia. Mentre in epoca imperiale anche le case più piccole cedettero alla moda dei miti greci, la Casa del Fauno volle conservare la memoria dei buoni vecchi tempi. Purtroppo fino ad oggi non è stato possibile legare il palazzo in modo convincente ad uno di quei pochi nomi che conosciamo della Pompei preromana.

2. *Le esigenze crescenti dei cittadini romani: la Casa del Labirinto e la Villa dei Misteri*

Con la deduzione coloniale e con l'insediamento di circa 2.000 famiglie di veterani, la città conobbe un cambiamento radicale. Se e quanti terreni e case siano stati espropriati per essere assegnati a nuovi coloni rimane incerto, tanto più che esistono indizi per pensare che una buona parte dei coloni ottenne della terra nel circondario di Pompei. È altrettanto vero che molte altre famiglie si sono insediate in città. La domanda se ciò avesse lasciato una qualche traccia da un punto di vista archeologico è stata posta non a caso dagli storici. Per molto tempo, infatti, gli stessi archeologi si sono interessati di problemi molto diversi.

Parallelamente ai cambiamenti menzionati, si può notare un progressivo distacco dal sistema decorativo del cosiddetto primo stile, tramandato ormai da generazioni (fig. 10): la decorazione plastica delle pareti a stucco fu abbandonata e sostituita da una decorazione meramente pittorica. L'idea di base, cioè quella di presentare pareti strutturate da complessi sistemi architettonici, tuttavia rimase. Anzi, vi furono aggiunte la rappresentazione illusionistica della terza dimensione e vedute di aree sacre fantastiche, accuratamente incorniciate. La parete che delimitava lo spazio di una stanza si divise in più livelli: vediamo in primo piano dei colonnati, un piano intermedio con pareti e tramezzi divisori di media altezza, e in alto vedute che tendono a convergere sullo sfondo. Il secondo stile vive attraverso l'elegante gioco di scorci e di illusioni ottiche, che risultano convincenti solo perché si mantennero le proporzioni e le dimensioni dell'architettura costruita di primo stile. Impulsi per la composizione delle singole pareti vennero anche dall'architettura scenica. Soprattutto la presenza di numerosi portali inquadrati da una ricca cornice architettonica portò a concepire l'intera parete come riproduzione delle scenografie teatrali (*scaenae frons*). Il tutto era reso più credibile grazie ad un impiego realistico delle tonalità cromatiche. Le applicazioni metalliche splendevano con sfumature bronzee tanto quanto recipienti, maschere ed uccelli animavano la scena con i loro colori variopinti, e su uno sfondo azzurro i portici ed i templi si dissolvevano nella luce chiara degli ampi cortili.

Questo secondo stile è stato portato a Pompei dai coloni provenienti dal centro Italia. A Roma le possibilità della pittura prospettica erano state sperimentate già una generazione prima. Per Pompei scaturisce dunque una domanda estremamente interessante per gli studi: se le case dei veterani, nuove o semplicemente prese in consegna, fossero o meno individuabili grazie alle decorazioni pittoriche di secondo stile.

Le nuove *domus* costruite nei primi anni di vita della colonia sorsero soprattutto nella zona della cinta muraria ad ovest e a sud. Dopo la fine della guerra sociale, la demolizione della struttura difensiva e l'erezione al suo posto di case di abitazione non comportavano più alcun pericolo. D'altro canto, il ripido pendio in questo punto permetteva di erigere case articolandole su più terrazze. Dai portici o dalle grandi sale che si aprivano sul paesaggio grazie alle ampie finestre si godeva di una splendida vista sul golfo, sulle montagne che lo riparavano e sulle isole. Di fatto, queste case conservano straordinari resti di decorazioni in secondo stile, malgrado interi piani siano stati dipinti successivamente, in epoca imperiale.

Molto più difficile risulta l'argomentazione per ciò che concerne le abitazioni site in città. Le fasi edilizie e d'uso di singole case sono due aspetti poco studiati. Ciò è ancora più vero per i primi anni di vita della colonia. È dovuta proprio a queste circostanze la difficoltà di stabilire quali siano state le modifiche apportate alle strutture già esistenti. Allo stesso modo non siamo in grado di dire se e fino a che punto i terreni limitrofi sono stati acquistati. Lo sguardo a queste problematiche si è fatto più attento solo in questi ultimi anni. Per tentare di dare una risposta possiamo basarci innanzitutto su quelle *insulae* in cui grazie ai muri di delimitazione è ancora riconoscibile una più antica divisione dei terreni in parcelle di dimensioni ridotte. Soprattutto nella *regio* VI a nord, ma anche nella Altstadt nonché presso le strade principali riscontriamo diversi casi in cui è possibile riconoscere piuttosto chiaramente la volontà di acquistare una *domus* di vaste dimensioni. L'annessione di un terreno confinante è comunemente accompagnata dalla costruzione di un peristilio e di nuovi spazi abitativi. Diversamente da quanto possiamo verificare per le case sannitiche, le sale migliori vennero ora a trovarsi in prossimità dei portici, con le porte orientate proprio verso il giardino.

La Casa del Labirinto è forse l'esempio più autorevole e significativo di una *domus* di questo tipo. Con ogni probabilità si tratta di un assemblaggio di diverse unità originariamente indipendenti. Sembra che l'enorme peristilio sia stato costruito verso il 100 a.C., seguito a distanza di qualche decennio da ulteriori ambienti disposti a nord di esso. Per l'assenza di ulteriori ambienti lungo i lati est ed ovest del peristilio venne a crearsi un'interessante situazione di tensione fra l'antica casa ad atrio a sud, il peristilio al centro e i nuovi ambienti a nord, lontani dall'ingresso e in un certo senso ben nascosti all'interno della casa. Gli ospiti che venivano ricevuti in questa nuova *suite* dovevano dunque attraversare tutto il complesso, cogliendo così la sua estensione, la molteplicità degli ambienti e la qualità dell'arredamento.

La nuova disposizione degli spazi prevedeva non meno di nove sale, *oeci* e *cubicula* di dimensioni e forme diverse. La sala più grande, il cosiddetto *oecus corinthius*, oltre ad avere quattro vani secondari, aveva un colonnato interno. Veniva così a crearsi uno stretto corridoio fra le pareti e le colonne. Le colonne dunque accentuavano in modo raffinato l'effetto illusionistico fra l'architettura reale e quella ingannevole della pittura. Purtroppo questo prezioso complesso è stato gravemente danneggiato pochi anni or sono dal crollo della moderna copertura. I molteplici motivi dei pavimenti eseguiti a mosaico o in *opus sectile*, e il soffitto, purtroppo non più conservato, avevano la chiara funzione di mettere ancora più in risalto il lusso. Le volte a botte, rifinite a stucco, coprivano le sale da pranzo e le alcove. Diversi campi figurati erano incassati proprio al centro del pavimento, mentre i clini vi erano disposti intorno. Uno di questi mostra Teseo e il Minotauro all'interno di un labirinto stilizzato: fu proprio questo a dare il nome alla casa.

La nuova qualità di vita è esibita non solo attraverso l'apparato decorativo appena descritto, l'orientamento degli ambienti a sud e le loro grandi porte a due o più battenti. Sono infatti molto ben in vista anche le numerose porte laterali, che a giudicare dalle soglie conservate dovevano essere tutte a due battenti. Queste servivano per unire le singole stanze in modo da creare dei piccoli gruppi di vani. Al centro si trovava sempre una sala da cui chi voleva poteva accedere all'uno o all'altro *cubiculum*, per esempio dopo i pasti. Anche queste stanze più piccole erano dotate di clini, come conferma il termine *cubiculum* con cui le chiamavano i romani. Diversamente da quanto capita spesso di leggere, i *cubicula* non servivano affatto solo da stanza da letto. All'epoca infatti si mangiava, chiacchierava, scriveva o leggeva in posizione sdraiata.

Lo stretto rapporto dei *cubicula* e degli *oeci* con la tradizionale sala da pranzo, il *triclinium*, ne evidenzia l'importanza. I lunghi triclini che potevano ospitare fino a nove commensali vengono generalmente affiancati, anche in case più modeste del I secolo a.C., da una piccola stanzetta. Questa dava la possibilità ad un ristretto numero di ospiti di ritirarsi temporaneamente, mentre altri potevano rimanere nella sala oppure sgranchirsi un po' le gambe camminando sotto i portici. Di notte e nelle prime ore del mattino, lo stesso *cubiculum* poteva avere una funzione diversa, mentre da mezzogiorno in poi veniva generalmente preparato per il banchetto (*convivium*). Occasionali riferimenti negli antichi testi letterari ci permettono di venire a conoscenza, almeno in parte, delle abitudini e delle aspettative dei contemporanei. Queste informazioni risultano spesso determinanti per riuscire a dare un'interpretazione plausibile all'architettura domestica. Soprattutto le case dei magistrati o ex magistrati, dei sacerdoti e di altre personalità importanti avevano un carattere pubblico, cosa per noi inimmaginabile. La sfera privata non era dunque delimitata spazialmente ma era piuttosto determinata da momenti di movimentata vita sociale in compagnia dei famigliari e degli amici più stretti. Se la mattinata era dedicata agli affari pubblici, magari anche all'interno della propria casa, nel pomeriggio ci si poteva certamente ritirare nella parte retrostante della *domus*, più tranquilla.

Non possiamo dire con certezza se le case su più terrazze, trattate precedentemente, oppure quelle come la Casa del Labirinto fossero o meno abitate da coloni. Uno standard di vita così alto in queste case non si spiega se non si tiene conto dei nuovi abitanti. Per i lavori di ristrutturazione necessari i pompeiani avevano a disposizione una serie di modelli immediatamente fuori dalla cinta muraria. Presso le propaggini del Vesuvio, davanti alle porte della città, erano sorte contemporaneamente alcune ville immense che poggiando su proprie sostruzioni sovrastavano le terre circostanti, consentendo così un'ottima visuale sul paesaggio e sul mare. Alcuni indizi rimandano ad una nuova misurazione del territorio in seguito alla quale furono assegnate ai coloni nuove terre. Sembra inoltre che si tentò il recupero ed il restauro di alcune fattorie preesistenti.

La famosa Villa dei Misteri, che deve il suo nome ad un grande affresco al suo interno, dovrebbe essere sorta tra la fine del II e gli inizi del I secolo a.C., ma conobbe il vasto ampliamento che ne determinò la forma attuale solo dopo l'arrivo dei veterani. Dietro una *porticus* a tre lati orientata verso il mare si trovavano diverse *suites* con saloni e *cubicula* accessibili dall'interno della villa tramite appositi corridoi. Si notano differenze nella forma e nelle dimensioni di questi ambienti, e cambiava anche la loro posizione in rapporto al sole, al paesaggio e al mare. Più caratteristica per il gusto dell'abitare dell'epoca risulta però la decorazione parietale di secondo stile. La sala più grandiosa era ornata da affreschi con figure di dimensioni leggermente inferiori rispetto al naturale, *pendants* in scala ridotta del vicino *cubiculum*. Gli altri ambienti si distinguono ognuno per una diversa decorazione pittorica. Dall'imitazione di pareti quasi completamente chiuse se non per l'inserimento di piccole vedute, fino agli ampi prospetti aperti incorniciati da un'opulenta architettura di colonne, questi affreschi proponevano un ampio spettro di raffinatezze artigianali. Se inizialmente vi si vollero vedere gli indizi di un'evoluzione stilistica verso una maggiore abilità artistica, e si cercò di definire su questa base anche una cronologia interna, oggi gli archeologi si chiedono piuttosto quale fosse il motivo e il significato di una tale varietà volutamente ricercata. Tanto più perché le singole *suites* sembrano ognuna fedele ad un unico stile peculiare. Si può forse parlare addirittura di un'ulteriore suddivisione del secondo stile decorativo in più fasi. Sembra quasi che si volesse dare a ciascun locale di accoglienza, oltre alle caratteristiche ricordate, un carattere proprio.

La forza e la potenza barocca di queste pareti trovano un'eco anche nelle forme degli ambienti e nella decorazione dei soffitti. Dovevano essere fra i *cubicola* preferiti soprattutto quelli con due alcove posizionate in corrispondenza di uno degli angoli. Le stanze di tali ville, insieme ad alcuni esempi di *domus* cittadine, sono sicuramente fra quelle meglio arredate e meglio decorate. La loro funzione di stupire gli ospiti risalta in particolar modo anche grazie alle volte a botte che sormontano le alcove, quasi fossero una specie di baldacchino. Il riferimento a questi *cubicola* vuole anche evidenziare come la nostra concezione di funzionalità degli spazi – oltre a una stanza da letto anche una sala da pranzo, un ufficio o la stanza dei bambini – non sia affatto adattabile alle abitazioni di tipo romano. Soprattutto in vista di particolari eventi, gli spazi abitativi erano arredati e ammobiliati appositamente su ordine del padrone. L'intento era quello di adattare ogni volta gli ambienti all'occasione e agli ospiti presenti. Erano i minimi particolari, oltre ad altri elementi quali la scelta della stanza o la sua posizione all'interno della casa, ad esprimere la stima del proprietario verso i suoi ospiti.

Nel corso del I secolo a.C. possiamo notare in numerose *domus* una serie di piccoli e grandi rifacimenti e modifiche. La dinamica di questo processo, che fu ripreso ben presto anche dagli inquilini delle case più piccole e più modeste, non è stata oggetto di studi approfonditi fino ad oggi. Uno studio delle vicende edilizie del gruppo *triclinium-cubiculum* dimostrerebbe presumibilmente come questa fase di costruzioni di appartamenti fosse ben più vitale e incidesse sull'aspetto di Pompei più di tutti gli acquisti e di tutte le riparazioni delle rovine dopo il terremoto del 62 d.C.

3. *La nuova eleganza dell'età imperiale: le ville*

La nostra concezione del modo di vivere pompeiano è influenzata soprattutto dalle abitazioni di età imperiale con le loro decorazioni in terzo e quarto stile, i giardini e l'arredo in marmo. L'eterogeneità nella disposizione degli ambienti e la pianta delle case, spesso molto articolata, la stretta relazione fra atri minuscoli e ampi giardini, o i nuovi luminosi affreschi insieme ad imitazioni architettoniche all'antica, sottolineano le difficoltà incontrate dai nuovi proprietari nel tentativo di adattare le case ormai vecchie alla moda del momento. Mentre fino alla deduzione della colonia furono creati nuovi spazi abitativi prima entro la città e successivamente sui pendii oltre la cinta muraria, nel I secolo d.C. si intrapresero esclusivamente lavori di ristrutturazione di edifici già esistenti. Non c'è nessuna *domus* di nuova costruzione di età imperiale che permetta di intuire quali fossero, all'epoca, le aspettative e le esigenze che la popolazione aveva nei confronti di una casa d'abitazione. Possiamo provare a ricostruire una simile «casa ideale» solo mentalmente, partendo da una serie di elementi a sé stanti, analizzando cioè una ad una la nuova sistemazione degli atri, dei peristili e degli spazi abitativi.

Prima di fare ciò, è necessario tuttavia porre l'attenzione alla forte continuità nell'utilizzo dell'*atrium* come accesso religioso-cultuale della casa. Fra la casa e lo spazio pubblico della strada si trovava molto spesso un piccolo sacello, una nicchia o più semplicemente un piccolo tempio dipinto sulla parete. Qui gli abitanti della casa veneravano i Lari (le divinità protettrici personali), i penati (protettori della famiglia e della casa), dei geni a forma di serpente e altre divinità, come ad esempio Mercurio, Fortuna o Giove che avevano il compito di garantire il benessere e agevolare i successi materiali. Alcuni gruppi statuari di divinità ancora conservati, generalmente in bronzo, non fanno che sottolineare quella convinzione, piuttosto diffusa fra il popolo, secondo la quale si era tanto più protetti quante più divinità si veneravano. Per di più sembra che i suddetti sacelli servissero anche alla venerazione degli avi. Comprendiamo bene, dunque, per quale motivo queste edicole siano state rinnovate più spesso e indipendentemente dal resto della casa, e adornate con affreschi imitanti il marmo. Indipendentemente da questa sfera religiosa di carattere più strettamente privato, a partire dalla prima età imperiale cominciarono a delinearsi alcune importanti trasformazioni nell'allestimento degli atri.

In una serie di case più o meno grandi si possono osservare diversi interventi che avevano il chiaro scopo di ottenere una rivalutazione dell'atrio. È interessante però notare come le modifiche non riguardassero parimenti pareti, pavimenti e mobilio, ma che l'intento era piuttosto quello di porre al centro dell'attenzione l'*impluvium*. Le vasche per l'acqua piovana, ormai vecchie e logore, furono sostituite da nuove in marmo o travertino, dal profilo generalmente molto ben fatto, mentre il fondo fu di regola rivestito con grossi lastroni. L'effetto così ottenuto era reso ancora più gradevole quando la pioggia cadeva sulla liscia superficie del marmo, che faceva brillare i riflessi dell'acqua. L'installazione di giochi d'acqua dimostra quanto questi fossero apprezzati. Come soggetti per la bocca delle fontane furono scelti satiri che nella loro goffaggine facevano svuotare l'otre di vino, e bambini intenti a molestare il pollame domestico dal cui becco fuoriusciva l'acqua, attori di un mondo fatto di spensierata abbondanza e di piacere voyeuristico. Le figure erano generalmente montate su un podio sul retro della vasca, di fronte all'ingresso. Dalle statue, fornite di un rubinetto che permetteva di aprire e chiudere il flusso d'acqua, zampillava alto un filo d'acqua che andava a cadere nel *labrum* posto ai piedi del podio. All'effetto visivo si aggiungeva così il piacevole gorgogliare dell'acqua.

Come alternativa, o anche in aggiunta, fu qualche volta collocato dietro alla fontanella un tavolino in marmo. Questi ripiani, poggiati su quattro sostegni spesso riccamente decorati a rilievo, erano considerati quasi fondamentali per l'arredo delle case. Pur di poter ostentare oggetti di questo tipo, nelle abitazioni più modeste si cercò addirittura di imitare questi tavoli, ricoprendo di stucco un semplice nucleo in muratura. Non è ben chiaro quale fosse la loro funzione. Stando alla tradizione tardo-repubblicana si pensa servissero per presentare agli ospiti le preziose posate per il *convivium*. Se questi tavoli marmorei in quanto mobili di lusso vanno ancora collocati nella tradizione delle grandi casse con elementi in bronzo, il loro stretto rapporto spaziale con la fontana e la vasca sottolinea quale fosse, in età imperiale, il nuovo ruolo dell'*atrium*, divenuto ormai una sorta di cortile d'ingresso. Lo stesso fenomeno lo notiamo anche in quei casi in cui intorno all'*impluvium* si allestì un'aiuola con piante ornamentali, come ad esempio nella Casa di Octavius Quartio, non lontano dall'anfiteatro. Se lasciamo correre un po' la nostra fantasia, possiamo provare ad immaginare come qualcuno vi cogliesse un petalo o una foglia profumata, quasi a voler completare il piacere acustico e visivo, prima di trovarsi di fronte ad un ampio giardino di piacere.

L'importanza di questi interventi, volti a trasformare l'atrio, originariamente forse un po' troppo austero, in una confortevole sala d'accoglienza, è resa evidente dalla loro stessa natura. La posa della condotta d'acqua doveva essere l'operazione più impegnativa. Oltre a dover chiedere il permesso agli edili per poter collegare la propria conduttura alla rete pubblica, era necessario anche lo scasso di almeno una parte della pavimentazione, nonché del marciapiede davanti alla casa.

La ristrutturazione delle stanze abitabili, soprattutto della *cenatio*, la sala da pranzo, avveniva in due modi differenti. Quando le trasformazioni hanno lasciato segni possiamo notare come queste prevedessero l'ampliamento degli antichi *triclinia*. Al posto di spazi dalla forma allungata si optò tendenzialmente per ambienti a pianta quadrata, la cui area non di rado raddoppiava le dimensioni delle vecchie sale da pranzo. Si abbandonò, al più tardi in questo periodo, l'abitudine di avere nove invitati al *convivium*. Quando possibile, le sale furono sistemate in corrispondenza del peristilio in modo da avere la miglior visuale sul giardino. A volte, il committente dei lavori faceva addirittura rimuovere una colonna della *porticus*, oppure ordinava che si aumentasse l'intercolumnio fra due colonne qualora impedissero la visuale.

Con l'inizio del terzo stile pompeiano si avviò, all'interno degli ambienti, una forte simmetrizzazione della decorazione parietale (fig. 11). In reazione alle composizioni di secondo stile, fatte di irrequiete architetture barocche, si tentò di riportare una certa calma nella trama decorativa ricorrendo a grandi superfici monocrome scandite da un delicato e miniaturistico sistema di esili colonnine. Le pareti erano di norma tripartite con l'inserimento di un quadro nella parete centrale. Questi quadri tendevano a raffigurare sia paesaggi idillico-sacrali e scene all'interno di un contesto santuariale, sia sempre più spesso scene mitologiche. Erano particolarmente amati temi dionisiaci e naturalmente gli incontri amorosi di diversi personaggi tratti dalla mitologia. Con il quadro centrale si diede un unico punto di fuga non solo alla parete, bensì all'intera stanza. Chi visita oggi queste *cenationes* non a caso ha come la sensazione di trovarsi in una sala museale. Il forte desiderio di ordine che aveva già condizionato le trasformazioni degli atri testimonia la volontà dei committenti di rendere ancora più efficaci le sensazioni trasmesse dagli ambienti e dai prospetti. Lo stesso fenomeno è stato osservato per le pavimentazioni, certamente più laboriose da sostituire rispetto agli affreschi parietali. Sono conservate diverse pavimentazioni più antiche, generalmente battuti in cocciopesto o in lava vulcanica finemente triturata, in cui furono inserite tessere e scaglie irregolari di marmo e diverse pietre colorate. Fu grazie a questi abbellimenti che i pavimenti, che in un primo momento non seguivano uno schema ordinato, ottennero un centro attorno al quale furono disposti secondo uno schema regolare i frammenti.

Chi entrava in casa coglieva immediatamente la simmetrizzazione delle superfici parietali e pavimentali che era venuta a crearsi grazie all'introduzione del pannello mediano, oppure l'inserimento di un'area adibita a giardino nell'atrio, lungo l'asse d'ingresso della casa. Che la sistemazione simmetrica fosse non solo un intervento di regolarizzazione, ma piuttosto un abbellimento lo si evince soprattutto dalle modifiche apportate ai giardini (fig. 12). Anche in questo caso la presenza di piante nei giardini è attestata solo per gli ultimi anni di vita della città, ma l'inserimento di ulteriori strutture permette di riconoscere anche una fruizione di tipo diverso dell'area. La posa di mattoni nel pavimento come forma di delimitazione di aiuole geometriche in una serie di grandi case era già stata osservata nel XIX secolo. Gli ultimi studi paleobotanici volti ad un esame dei semi mineralizzati e delle radici, resi visibili grazie ai calchi eseguiti con la stessa tecnica adottata per i *fuggiaschi*, cioè riempiendo le impronte in negativo con delle colate di gesso, permettono di affermare che si coltivavano fiori, cespugli e piante da siepe. Le cavità lasciate da radici di dimensioni maggiori sono molto più rare e si trovano generalmente ai margini dei cortili e davanti alle colonne. Purtroppo, però, sono stati indagati solo pochi giardini. Nonostante qualche eccezione, come le coltivazioni di alberi da frutto e a spalliera in alcuni peristili, gli scarsi indizi a nostra disposizione lasciano pochi dubbi: l'intento di chi allestiva questi spazi era proprio quello di creare dei giardini che appagassero la vista.

Confermerebbero questa ricostruzione anche le vie fra le file di piante, decisamente troppo strette da passarvi in mezzo, men che meno in due, uno di fianco all'altro. Uno dei giardini più belli, oltre a quello della già menzionato Casa di Octavius Quartio, si trova nella Casa degli Amorini dorati (pianta 4: VI 16, 7.38; fig. 12), ricostruito agli inizi del XX secolo. Tenendo conto di quanto detto fin qui, comprendiamo meglio anche la presenza di diverse sculture, generalmente piccole figure. Le statuette e le erme, molto più piccole del naturale, proiettavano il giardino in un altro mondo e permettevano allo spettatore di posarvi uno sguardo distaccato ma piacevole, ancor più perché le figure appartenevano prevalentemente ad un contesto dionisiaco: satiri, panischi e menadi, rilievi con maschere teatrali e animali di vario genere proiettavano lo spettatore, almeno virtualmente, in santuari rurali. Nella citata Casa dei Vettii (pianta 4: VI 15, 1.27), appartenente a due fratelli affrancati dalla schiavitù e venuti in possesso di un patrimonio notevole, si trovano numerose vasche fiancheggiate da statuette marmoree con la funzione di adornare la fontana. Le statuette raffigurano dei fanciulli intenti a infastidire in un goffo gioco il pollame, producendo così lo zampillio delle fontane.

La ricchezza decorativa in uno spazio relativamente ridotto caratterizza le pareti di quarto stile. Le architetture fantastiche (in senso letterale), non meno esili dei trapezi che vediamo nei circhi e popolate con i più diversi personaggi mitologici, dividono la parete generalmente in tre campi separati. Nel quadro centrale sono rappresentate spesso scene amorose tratte dal *mythos* i cui protagonisti si avvicinano l'un l'altro nella loro superba nudità. Spesso, la capigliatura di questi attori segue la moda del tempo esaltando così l'appagamento che l'antico osservatore doveva provare riconoscendosi nelle scene rappresentate.

Il piacere nel guardarsi intorno senza però muoversi possiamo coglierlo in un espediente che fino ad oggi ha goduto di poca considerazione. Un confronto con i peristili più antichi in cui era conservata la decorazione parietale di II e I secolo a.C. ci suggerisce che le transenne, o i muretti di media altezza fra le colonne, fossero stati aggiunti in età imperiale. Questi parapetti impedivano generalmente di accedere al giardino – se non per i comuni lavori di cura e manutenzione. Le transenne venivano così a delimitare un'area la cui fruizione si realizzava in prima linea nella piacevole osservazione dell'allestimento del *viridarium*, come veniva chiamato questo genere di giardini ornamentali. È esattamente questo l'effetto che è stato portato all'estremo nella modesta Casa di Marcus Lucretius Fronto (pianta 4: V 4, a), in cui il giardino fu rialzato quasi fosse un palcoscenico: l'ospite che guardava attraverso una piccola finestra si trovava il giardino quasi all'altezza degli occhi. I giardini di età imperiale, pensati più per una fruizione visiva, si distinguono notevolmente da quelli di epoca repubblicana in cui l'ombra degli alberi invitava ad intrattenersi per qualche tempo e fare due passi in tutta tranquillità.

I peristili datati all'ultimo periodo di vita di Pompei non erano più dei semplici posti in cui muoversi senza una qualche direzione prestabilita. È evidente che non possiamo generalizzare un'affermazione di questo genere, né una fruizione come quella descritta può essere presa in considerazione per tutti i settori della casa; tuttavia, la disposizione ritmica di vedute ripetute e simmetriche ci fa capire quale fosse l'importanza attribuita al fatto che lo sguardo potesse vagare da un punto all'altro, senza doversi neanche muovere. L'itinerario attraverso la casa veniva in questo modo ripetutamente interrotto da momenti di pausa e di osservazione. Raggiungere la *cenatio* equivaleva quasi ad una solenne cerimonia.

Non è semplice dare una spiegazione a questa trasformazione nello stile dell'abitare. La mutata situazione politica a partire dalla fine della guerra civile nel 31 a.C., il principato e la forte posizione dell'imperatore suggeriscono di provare ad individuarne le cause nel nuovo rapporto fra la *domus* cittadina e il pubblico. Il precedente antagonismo manifestato anche pubblicamente tra le famiglie ai fini di esercitare la loro influenza e di ottenere le cariche più prestigiose – e il fatto di accogliere in casa la *sa-*

lutatio da parte dei *clientes* ne rappresentava sicuramente un aspetto – si spostò ora nella sfera dell'imperatore. La separazione fra ricchezza e responsabilità politico-sociale, insieme all'accresciuta influenza del patronato, permise dunque ad un numero maggiore di persone di condurre un nuovo stile di vita. Prima sarebbe stato considerato un intollerabile segno di superbia. A Roma gli esiti della trasformazione sociale erano più prorompenti rispetto a Pompei. Anche qui, però, il numero delle carriere politiche particolarmente veloci, con un *cursus honorum* prima impensabile, non fa che confermare le mutate possibilità nell'esercitare la propria influenza. La nuova importanza del patronato si faceva sentire anche all'interno di quella cerchia che si ritrovava nelle occasioni del *convivium*: le amicizie politiche (*amicitia*) si stringevano ormai sempre più nelle *domus*. Questi meccanismi dovevano essere agevolati anche da interni che permettessero uno stile di vita possibilmente confortevole e funzionale. Alla fredda ostentazione della propria provenienza e dell'agio della propria famiglia si sostituì una forma dell'accoglienza più sensuale che metteva in primo piano un nuovo tipo di lusso, non dissimile da quello delle ville.

CAPITOLO QUINTO

LA CITTÀ DEI MORTI: UN INVENTARIO DELL'ÉLITE CITTADINA

Chiunque uscisse da Pompei, o vi entrasse provenendo da una delle città vicine, doveva passare in mezzo ad una serie di edifici sepolcrali dislocati lungo i lati delle strade appena fuori dalle porte cittadine. Già la posizione delle tombe e la loro vicinanza alle porte fanno capire quale fosse la loro importanza e di quale considerazione godessero. Quanto più il recinto funerario era vicino alla città, tanto più grande era il prestigio di chi vi aveva trovato sepoltura. Questo è ciò che si evince da una serie di decisioni dell'*ordo decurionum* (consiglio municipale) che si riservava la facoltà di assegnare a un personaggio ritenuto degno singole aree in una striscia larga circa 30 metri (100 piedi romani) appena fuori dalle porte della città. Ovviamente furono i cittadini più benemeriti ad ottenere su proposta dell'*ordo* un posto d'onore per la sepoltura. Un editto dell'imperatore Vespasiano, giunto a noi grazie ad almeno quattro iscrizioni su pietra provenienti dall'area nei pressi delle porte della città, diede al tribuno Titus Suedius Clemens l'autorizzazione di recuperare alcune parcelle situate in questa striscia, di cui alcuni privati si erano appropriati indebitamente.

La testimonianza archeologica più evidente per riuscire a comprendere il prestigio delle tombe assegnate pubblicamente e la veemenza dei contrasti per ottenerle è visibile al visitatore appena fuori Porta Ercolano. Oltre a constatare quale fosse la vicinanza fra le singole tombe, ci si può rendere conto, osservando le forme spesso originali e bizzarre, di quanto fosse grande il desiderio di trasformare la tomba in un luogo di pubblica rappresentanza e di attirare l'attenzione del passante. Anche qui, come del resto in tutti i settori della città, riscontriamo una confusa alternanza fra strutture più vecchie e più recenti. Per poter erigere nuove tombe era spesso necessario abbandonare quelle precedenti, motivo per cui ce ne sono giunte solo poche. Su questo sfondo acquista importanza la scoperta di una grande tomba cubica a forma di altare i cui resti si conservano immediatamente a nord-ovest di Porta Ercolano (pianta 4). La tomba apparteneva a quel Marcus Porcius che abbiamo già avuto modo di conoscere come fondatore della colonia e come finanziatore del *theatrum tectum* oltre che dell'anfiteatro. Anche se non conosciamo nessuno dei suoi discendenti, la sua tomba è stata curata e conservata per più di un secolo, indizio certo che era la città intera a commemorare il suo fondatore.

Su entrambi i lati del monumento erano sorte, all'inizio dell'età imperiale, due nuove costruzioni, una per un certo Aulus Veius, l'altra per la sacerdotessa di Venere Mamia, nota in tutta la città. In entrambi i casi si optò per l'erezione di una *schola*, cioè una panchina semicircolare, quasi un invito rivolto ai passanti a fermarsi un attimo per commemorare i defunti le cui ceneri erano state deposte nella terra sotto le due *scholae*. È in linea con quella che era la funzione delle tombe anche il posto su cui sorgevano. Da questo punto, infatti, si godeva di una splendida vista del golfo fino a Capri. Il luogo era senza dubbio molto frequentato; di chissà quante conversazioni, di chissà quante chiacchiere dev'essere stato testimone: in quanto *monumentum* non si poteva scegliere posto migliore per una tomba.

Piuttosto che essere costruite lontano dalle porte cittadine, alcune tombe furono edificate in seconda fila, a ridosso delle tombe prospicienti la strada. Immediatamente a ridosso dei monumenti appena descritti, si levava in alto l'imponente Mausoleo degli Istacidii, a due piani. Sorto in età augustea, conservò le impegnative forme architettoniche di epoca repubblicana. Sopra un grandioso basamento quadrato che custodiva le urne dei defunti si ergeva un più leggero e delicato tempietto rotondo (*tholos*) sorretto da colonne. Certamente un tempo doveva contenere le statue dei possessori del monumento funerario.

Un edificio altrettanto maestoso, fatto costruire dagli Eumachii, è conservato davanti a Porta Nocera. Eretto sul proprio terreno a sud della strada che segue il perimetro della città, si puntò non tanto sull'altezza quanto sulla larghezza dell'edificio tombale. Il mausoleo fu luogo di sepoltura per molti discendenti della medesima famiglia. La facciata, che sporgeva dal marciapiede verso la strada, lo faceva risaltare già da lontano rispetto agli edifici vicini. All'interno del recinto si trovava una *schola* monumentale al cui vertice si ergeva la statua della sacerdotessa.

Mentre anche i monumenti funerari adiacenti accoglievano nelle loro edicole sorrette da colonne le statue di membri appartenenti a famiglie importanti del I secolo a.C., all'altezza della strada per Nocera si è invece conservata una tomba che ci offre un esempio di rappresentazione ritrattistica più semplice e tipicamente locale. La facciata, caratterizzata da una porta ad arco centrale, presenta nei due piani conservati una serie di nicchie in cui avevano trovato collocazione alcuni busti che conservano il nome del personaggio rappresentato. Alcuni di questi busti presentano però al posto del viso solo una superficie piatta e levigata, senza tratti individuali riconoscibili. Che si trattasse però di ritratti veri è dimostrato dalla presenza, in alcune sculture, di una treccia femminile in corrispondenza della nuca. Su questo sfondo diviene comprensibile il motivo per cui i membri di famiglie di spicco si distaccarono da questa tradizione sostituendovi statue a grandezza naturale – i busti-ritratto erano troppo semplici da realizzare ed erano ormai diventati troppo numerosi.

In età post-augustea sembra ben presto venir meno questa molteplicità, chiara espressione di una concorrenza estremamente vitale per il prestigio e l'influenza in città. Ad ogni modo i monumenti sepolcrali più tardi si segnalano per un'uniformità sorprendente. Verso la strada lo spazio era generalmente delimitato da muretti con torrette angolari. Le tombe erano accessibili attraverso piccoli portoni, solo dai famigliari e solo in occasioni particolari. All'interno le urne erano conservate da un *columbarium*, mentre l'altare funerario che in età repubblicana era ancora un monumentale sepolcro singolo, venne a formare il coronamento della tomba. L'iscrizione, scolpita nell'altare, indicava da un lato il possessore della tomba, ne decantava i meriti e ne metteva in risalto la *pietas*, ovvero la devozione, una qualità considerata estremamente importante; dall'altro lato la sua posizione sulla tomba, il rivestimento in marmo di questa e l'aggiunta di rilievi figurati accentuano la sua funzione più spiccatamente decorativa. Queste tombe davano la possibilità di conoscere i successi economici ed il benessere materiale del defunto in modo immediato e molto più tangibile. Tale trasformazione si può facilmente mettere in relazione all'osservazione secondo cui strutture di questo genere sono commissionate anche da liberti, e non più esclusivamente dai notabili della città. Indipendentemente dalla domanda se si possa vedere in questo atteggiamento un'espressione del gusto dei «nuovi ricchi», anche le modifiche nell'impianto e nell'esecuzione delle tombe ci aiutano a comprendere che la possibilità di convertire i successi economici in un prestigio più prettamente sociale non era affatto venuta meno con l'inizio dell'epoca imperiale.

CAPITOLO SESTO

LE ROVINE MODERNE: POMPEI OGGI

Se il visitatore segue la via, riaperta pochi anni or sono, lungo il muro di cinta partendo dalla Porta Ercolano, passando dalla Porta Vesuvio e davanti dall'anfiteatro fino alla Porta Nocera, si accorgerà non solo delle dimensioni e dell'estensione dell'antica città, ma anche dell'entità delle distruzioni subite da queste eccezionali rovine. L'influsso degli agenti atmosferici e una tutela carente nel corso dei decenni, se non addirittura dei secoli, hanno reso pericolanti moltissimi edifici. Per motivi di sicurezza i turisti devono essere tenuti lontani da queste strutture, i cui cedimenti non fanno che aumentare di frequenza col passare del tempo. C'è di buono che così vien loro risparmiata la vista del triste stato di abbandono dei muri, degli ormai vecchi e malsicuri tetti protettivi e dei mosaici e degli affreschi che a causa dell'umidità e delle radici sono in rovina. È stato valutato che la somma per la sola conservazione dell'area messa in luce si aggirerebbe intorno ai 250 milioni di euro. Un'iniziativa intesa a conservare questo patrimonio dell'umanità può riuscire solo attraverso un intervento internazionale, e ciò non fa che sottolineare la cifra enorme della stima, per quanto essa possa essere solo approssimativa. Ogni tentativo di voler dare tutta la responsabilità per le condizioni in cui si trovano Pompei ed Ercolano unicamente allo Stato italiano non riconosce che la conservazione delle città vesuviane è un dovere di tutti quei paesi che si collocano nella tradizione del mondo occidentale.

Lo stato delle cose è questo, e non è condivisibile la proposta di continuare gli scavi, sostenuta da alcuni, tanto più che per Ercolano il gioco non vale certo la candela, considerati i modesti risultati a dispetto di sforzi economici notevoli. La drammaticità della situazione a Pompei non deve essere né negata né sminuita solo perché alcuni ritrovamenti sono stati esposti, con notevole successo di pubblico, nella mostra «Storie da un'eruzione. Pompei, Ercolano, Oplontis», tenutasi a Napoli e a Trieste pochi anni or sono, oltre che in diverse città d'Europa e d'America. Piuttosto, gli argomenti che portati all'estremo semplificano troppo il complesso stato delle cose, e gli appelli quasi teatrali a non mettere a repentaglio i successi degli ultimi scavi, già così controversi, dovrebbero costituire motivo sufficiente per cercare delle alternative. Queste potrebbero consistere nel vincolare la concessione di nuove indagini sul campo all'obbligo di effettuare anche interventi conservativi delle rovine – siano questi la pulizia e il consolidamento di affreschi e pavimenti oppure il consolidamento, molto più urgente, delle pareti e della testa dei muri. Provvedimenti di questo tipo dovrebbero permettere, anche in un lasso di tempo relativamente breve, di rendere di nuovo fruibile al pubblico l'uno o l'altro edificio.

I danni subiti dalle strutture negli ultimi anni, però, sono immensi. In futuro dunque non solo sarà necessaria un'enorme quantità di denaro per salvaguardare alla meno peggio le rovine, ma passeranno anche diversi decenni prima che si possa parlare di una seppur preliminare conservazione. Considerando tutte le aspettative e le esigenze del pubblico è indispensabile almeno una cosa: una maggiore comprensione e un maggior senso di responsabilità da parte del settore turistico, dei media e di ogni singolo visitatore. Chi rimane entusiasmato dalla visita delle rovine di Pompei non può stare a guardare, nel momento in cui le stesse vengono danneggiate o distrutte da un atteggiamento distratto o semplicemente dalla mancanza di prudenza e rispetto.

LETTURE CONSIGLIATE

LETTURE CONSIGLIATE

Forniamo qui di seguito l'indicazione di alcuni titoli per il lettore che intenda approfondire le tematiche affrontate nel volume, con particolare attenzione alle opere apparse in lingua italiana.

Opere di carattere generale

G. Fiorelli, *Descrizione di Pompei*, Napoli, 1875.

L. Garcia y Garcia, *Nova Bibliotheca Pompeiana. 250 anni di bibliografia archeologica*, 2 voll., Roma, 1998.

P.G. Guzzo, *Pompei. Storia e paesaggi della città antica*, Milano, Electa, 2007.

E. La Rocca, M. e A. de Vos, *Pompei*, IV ed., Milano, 2004.

A. Maiuri, *Pompei ed Ercolano tra case ed abitare*, II ed., Milano, 1959.

A. Mau, *Pompei in Leben und Kunst*, II ed., Leipzig, 1908.

S.C. Nappo, *Guida alla città sepolta*, Vercelli, 1998.

Nuove ricerche archeologiche a Pompei ed Ercolano, Atti del Convegno Internazionale, Roma, 28-30 novembre 2002, a cura di P.G. Guzzo e M.P. Guidobaldi, Napoli, 2005.

Pompei, scienza e società. 250° anniversario degli scavi di Pompei, Atti del Convegno Internazionale, Napoli, 25-27 novembre 1998, a cura di P.G. Guzzo, Milano, 2001.

«Rivista di Studi Pompeiani», Roma, 1987-2005.

H.B. van der Poel, *Corpus Topographicum Pompeianum*, vol. IV, Bibliography, Roma, 1977.

A. e M. de Vos, *Pompei, Ercolano, Stabia*, Roma-Bari, 1988.

P. Zanker, *Pompei. Società, immagini urbane e forme dell'abitare*, Torino, 1993.

F. Zevi (a cura di), *Neapolis*, Napoli, 1994.

F. Zevi e M. Jodice (a cura di), *Pompei*, voll. I-II, Banco di Napoli, 1991-92.

Politica e vita quotidiana

E. Cantarella e L. Jacobelli, *Un giorno a Pompei: vita quotidiana, cultura, società*, Napoli, 2003.
R. Étienne, *La vita quotidiana a Pompei*, Milano, 1992.
R. Harris, *Pompei*, Milano, 2003.
H. Mouristen, *Elections, Magistrates and Municipal Élite. Studies in Pompeian Epigraphy*, Roma, 1988.
S.R. Tufi, *Pompei: la vita quotidiana*, Firenze, 2001.

Case e appartamenti

P. Allison, *Pompeian Households. An Analysis of the Material Culture*, Los Angeles, 2004.
J.-A. Dickmann, *Der Fall Pompeji: Wohnen in einer Kleinstadt*, in W. Hoepfner (a cura di), *Geschichte des Wohnens*, vol. I, Ludwigsburg, 1999, pp. 609-678.
— *Domus frequentata. Anspruchsvolles Wohnen im pompejanischen Stadthaus*, voll. I-II, München, 1999.
M.P. Guidobaldi e F. Pesando, *Gli Ozi di Ercole: Residenze di lusso a Pompei ed Ercolano*, Roma, 2006.
W. Jashemski, *The Gardens of Pompei, Herculaneum and the Villas Destroyed by Vesuvius*, New York, 1979.
F. Pesando, *Domus: edilizia privata e società pompeiana fra III e I secolo a.C.*, Roma, 1997.
F. Pirson, *Mietwohnungen in Pompeji und Herkulaneum. Untersuchungen zur Architektur, zum Wohnen und zur Sozial- und Wirtschaftsgeschichte der Vesuvstädte*, München, 1999.
L. Richardson jr., *Pompeii, an Architectural History*, Baltimore, 1998.
V.M. Strocka (a cura di), *Häuser in Pompeji*, voll. 1-12, München, 1984-2005.
A. Wallace-Hadrill, *Houses and Society in Pompeii and Herculaneum*, Princeton, 1994.

Pittura parietale

S. Augusti, *I colori pompeiani*, Roma, 1967.
A. Barbet, *La peinture murale romaine*, Paris, 1985.
G. Cerulli Irelli (a cura di), *La pittura di Pompei. Testimonianze dell'arte romana nella zona sepolta dal Vesuvio nel 79 d.C.*, Milano, 1991.

E. De Carolis, *Dei ed eroi nella pittura pompeiana*, Roma, 2000.
A. Mau, *Geschichte der decorativen Wandmalerei in Pompeji*, Berlin, 1882.
D. Mazzoleni e U. Pappalardo, *Domus: pittura e architettura d'illusione nella casa romana*, Venezia, 2004.
F. Pesando, M. Bussagli e G. Mori, *Pompei. La pittura*, Milano, 2003.
K. Schefold, *Die Wände Pompejis. Topografisches Verzeichnis der Bildmotive*, Berlin, 1957.

Economia e produzione

J. Andreau, *Sull'economia di Pompei*, in *Pompei, scienza e società. 250° anniversario degli scavi di Pompei*, Atti del Convegno Internazionale, Napoli, 25-27 novembre 1998, a cura di P.G. Guzzo, Milano, 2001, pp. 109-110.
W.M. Jongman, *The Economy and Society of Pompeii*, Amsterdam, 1988.
G.E. La Torre, *Gli impianti commerciali e artigianali nel tessuto urbano di Pompei*, in AA.VV., *Pompei. L'informatica al servizio di una città antica*, Roma, 1988, pp. 73-102.
E. Lepore, *Orientamenti per la storia sociale di Pompei*, in AA.VV., *Pompeiana*, raccolta di studi per il secondo centenario degli scavi di Pompei, Napoli, 1950, pp. 144-166.
A. Stazio, *Moneta e vita economica a Pompei. Un restauro di conoscenza e di immagine della città antica*, in *Restaurare Pompei*, a cura di L. Franci dell'Orto, Milano, 1990, pp. 83-94.
A. Varone, *Paesaggio e colture agrarie di Pompei nei documenti storici, archeologici ed epigrafici*, in AA.VV., *Il territorio vesuviano nel 79 d.C.*, Pompei, 1992, pp. 14-21.
A. Wallace-Hadrill, *Elites and Trade in the Roman Town*, in *City and Country in the Ancient World*, a cura di J. Rich e A. Wallace-Hadrill, London, 1991, pp. 241-272.

Necropoli

A. D'Ambrosio e S. De Caro, *Fotopiano e documentazione della necropoli di porta Nocera*, in AA.VV., *Un impegno per Pompei*, Milano, 1983, pp. 23-42.
V. Kockel, *Die Grabbauten vor dem Herkulaner Tor in Pompeji*, Mainz, 1983.

Il territorio di Pompei

J. D'Arms, *Ville rustiche e ville di «otium»*, in *Pompei 79. Raccolta di studi per il decimonono centenario dell'eruzione vesuviana*, a cura di F. Zevi, Napoli, 1979, pp. 206-240.

– *Romans on the Bay of Naples and Other Essays on Roman Campania*, a cura di F. Zevi, Bari, 2003.

A. Oettel, *Fundkontexte römischer Vesuvvillen im Gebiet von Pompeji*, Mainz, 1996.

Indirizzi Internet

www.pompeiinpictures.com
www.pompeiisites.org

INDICE DEI NOMI E DELLE COSE NOTEVOLI

INDICE DEI NOMI E DELLE COSE NOTEVOLI

Finito di stampare nel giugno 2007
dalla litosei, via rossini 10, rastignano, bologna
www.litosei.com

UNIVERSALE PAPERBACKS IL MULINO

STORIA

Schrenk F., *L'alba dell'umanità*
Hrouda B., *La Mesopotamia*
Cancik-Kirschbaum E., *Gli assiri*
Jursa M., *I babilonesi*
Hertel D., *Troia*
Schlögl H.A., *L'antico Egitto*
Jánosi P., *Le piramidi*
Clauss M., *Israele nell'età antica*
Wiesehöfer J., *La Persia antica*
Demandt A., *I celti*
Pekáry T., *Storia economica del mondo antico*
Brizzi G., *Il guerriero, l'oplita, il legionario. Gli eserciti nel mondo classico*
Lotze D., *Storia greca. Dalle origini all'età ellenistica*
Funke P., *Atene nell'epoca classica*
Baltrusch E., *Sparta. Storia, società, cultura*
Gehrke H.-J., *Alessandro Magno*
Gschnitzer F., *Storia sociale dell'antica Grecia*
Price S., *La religione dei greci*
Prayon F., *Gli etruschi*
Bringmann K., *Storia romana. Dalle origini alla tarda antichità*
Alföldy G., *Storia sociale dell'antica Roma*
Cenerini F., *La donna romana. Modelli e realtà*
Huss W., *Cartagine*
Dickmann J.-A., *Pompei*
Jehne M., *Giulio Cesare*
Christ K., *Breve storia dell'impero romano*
Eck W., *Augusto e il suo tempo*
Malitz J., *Nerone*
Brandt H., *L'epoca tardoantica*
Gabba E., *Storia e letteratura antica*

Vincent C., *Storia dell'Occidente medievale*
Wolfram H., *I germani*
Azzara C., *Le invasioni barbariche*
Azzara C., *L'Italia dei barbari*
Meier M., *Giustiniano*
Ravegnani G., *I Bizantini in Italia*

Ravegnani G., *Bisanzio e Venezia*
Halm H., *Gli arabi*
Ducellier A. e Micheau F., *L'Islam nel Medioevo*
Möhring H., *Saladino*
Becher M., *Carlo Magno*
Flori J., *Le crociate*
Brunner O., *Storia sociale dell'Europa nel Medioevo*
Flori J., *La cavalleria medievale*
Azzara C., *Il papato nel Medioevo*
Watt M., *Cristiani e musulmani*

Burke P., *Il Rinascimento*
Reinhardt V., *Il Rinascimento in Italia*
Braudel F., *Espansione europea e capitalismo. 1450-1650*
Riese B., *I maya*
Prem H.J., *Gli aztechi*
Julien C., *Gli inca*
Kaufmann T., *Lutero*
Rady M., *Carlo V e il suo tempo*
Palmer M.D., *Enrico VIII*
Woodward G., *Filippo II*
Monter W., *Riti, mitologia e magia in Europa all'inizio dell'età moderna*
Weisser M.R., *Criminalità e repressione nell'Europa moderna*
Naphy W. e Spicer A., *La peste in Europa*
Labatut J.-P., *Le nobiltà europee. Dal XV al XVIII secolo*
Tenenti A., *Dalle rivolte alle rivoluzioni*
Campbell P.R., *Luigi XIV e la Francia del suo tempo*
Marshall W., *Pietro il Grande e la Russia del suo tempo*
Outram D., *L'Illuminismo*
Forrest A., *La Rivoluzione francese*
Criscuolo V., *Napoleone*

Meriggi M., *Gli stati italiani prima dell'Unità. Una storia istituzionale*
Beales D. e Biagini E.F., *Il Risorgimento*
Breuilly J., *La formazione dello stato nazionale tedesco (1800-1871)*
Mitchell R., *La guerra civile americana*
Price R., *Le rivoluzioni del 1848*
Betts R.F., *L'alba illusoria. L'imperialismo europeo nell'Ottocento*
Carbone G., *L'Africa. Gli stati, la politica, i conflitti*
Mason J.W., *Il tramonto dell'impero asburgico*
Hösch E., *Storia dei Balcani*
Ivetic E., *Le guerre balcaniche*
Bozarslan H., *La Turchia contemporanea*
Campanini M., *Storia del Medio Oriente. 1798-2005*
Greilsammer I., *Il sionismo*
Robson S., *La prima guerra mondiale*

Goldstein E., *Gli accordi di pace dopo la Grande guerra. 1919-1925*
Overy R.J., *Crisi tra le due guerre mondiali 1919-1939*
Wood A., *La rivoluzione russa*
McCauley M., *Stalin e lo stalinismo*
De Grand A.J., *L'Italia fascista e la Germania nazista*
Williamson D.G., *Il Terzo Reich*
Browne H., *La guerra civile spagnola. 1936-1939*
Schreiber G., *La seconda guerra mondiale*
Engel D., *L'Olocausto*
Lorenzini S., *L'Italia e il trattato di pace del 1947*
Betts R.F., *La decolonizzazione*
Smith J., *La guerra fredda. 1945-1991*
Fowkes B., *L'Europa orientale dal 1945 al 1970*
Gökay B., *L'Europa orientale dal 1970 a oggi*
Thomaneck J.K.A. e Niven B., *La Germania dalla divisione all'unificazione*
Fraser T.G., *Il conflitto arabo-israeliano*
Lee S.H., *La guerra di Corea*
Hall M.K., *La guerra del Vietnam*
Pirjevec J., *Serbi, Croati, Sloveni. Storia di tre nazioni*
Prévélakis G., *I Balcani*

Flinn M.W., *Il sistema demografico europeo (1500-1820)*
Grigg D., *Storia dell'agricoltura in occidente*
Mokyr J., *Leggere la rivoluzione industriale*
Wrigley E.A., *La rivoluzione industriale in Inghilterra*
Zamagni V., *Dalla rivoluzione industriale all'integrazione europea. Breve storia economica dell'Europa contemporanea*
Osterhammel J. e Petersson N.P., *Storia della globalizzazione*
Cohen J. e Federico G., *Lo sviluppo economico italiano. 1820-1960*
Toniolo G., *Storia economica dell'Italia liberale 1850-1918*

Burke P., *La storia culturale*

STUDI RELIGIOSI

Dan Cohn-Sherbok e Lavinia Cohn-Sherbok, *Breve storia dell'ebraismo*
Champeaux J., *La religione dei romani*
Winkelmann F., *Il cristianesimo delle origini*
Watt W.M., *Breve storia dell'Islam*
Brooke R. e Brooke C., *La religione popolare nell'Europa medievale*
Merlo G.G., *Eretici ed eresie medievali*
Schorn-Schütte L., *La riforma protestante*
Alberigo G., *Breve storia del concilio Vaticano II (1959-1965)*

FILOSOFIA

Kerferd G.B., *I sofisti*
Figal G., *Socrate*
Melling D.J., *Platone*
Ackrill J.L., *Aristotele*

De Libera A., *La filosofia medievale*
Rudolph U., *La filosofia islamica*
Horn C., *Sant'Agostino*
Schönberger R., *Tommaso d'Aquino*

Bloch E., *Filosofia del Rinascimento*
Cottingham J., *Cartesio*
Tuck R., *Hobbes*
Yolton J.W., *John Locke*
Ayer A.J., *Voltaire*
Wokler R., *Rousseau*

Höffe O., *Immanuel Kant*
Schnädelbach H., *Hegel*
Taylor C., *Hegel e la società moderna*
Murphy J.P., *Il pragmatismo*
Wetz F.J., *Husserl*
Stokes G., *Popper*

Jung M., *L'ermeneutica*
Gehlen A., *Prospettive antropologiche. L'uomo alla scoperta di sé*
Russ J., *L'etica contemporanea*
Campanini M., *Il pensiero islamico contemporaneo*

Bechtel W., *Filosofia della mente*

STORIA E FILOSOFIA DELLA SCIENZA

Grant E., *La scienza nel Medioevo*
Butterfield H., *Le origini della scienza moderna*
Drake S., *Galileo*
Westfall R.S., *La rivoluzione scientifica del XVII secolo*
Howard J., *Darwin*
Coleman W., *La biologia nell'Ottocento*
Harman P.H., *Energia, forza e materia. Lo sviluppo della fisica nell'Ottocento*
Bernstein J., *Einstein*

Granger G.G., *La scienza e le scienze*
Kosso P., *Leggere il libro della natura. Introduzione alla filosofia della scienza*

CRITICA LETTERARIA

Marazzini C., *Breve storia della lingua italiana*
Fornasiero S. e Tamiozzo Goldmann S., *Scrivere l'italiano. Galateo della comunicazione scritta*
Antonelli G., *L'italiano nella società della comunicazione*

Casadei A., *La critica letteraria del Novecento*
Meyer M., *La retorica*
Bertoni A., *La poesia. Come si legge e come si scrive*
Renzi L., *Come leggere la poesia*
Beltrami P.G., *Gli strumenti della poesia. Guida alla metrica italiana*

Powell B.B., *Omero*
de Romilly J., *La tragedia greca*
Fontaine J., *La letteratura latina cristiana*
Wapnewski P., *La letteratura tedesca del Medioevo*
Zink M., *La letteratura francese del Medioevo*
Mölk U., *La lirica dei trovatori*
Dronke P., *Dante e le tradizioni latine medievali*
Hölscher-Lohmeyer D., *Goethe*
Brombert V., *Stendhal*
Gifford H., *Tolstoj*
Lorenzini N., *La poesia italiana del Novecento*
Bottoni L., *Storia del teatro italiano. 1900-1945*

MUSICA E SPETTACOLO

Dahlhaus C. e Eggebrecht H.H., *Che cos'è la musica?*
Besseler H., *L'ascolto musicale nell'età moderna*
Bianconi L., *Il teatro d'opera in Italia*

Maravall J.A., *Teatro e letteratura nella Spagna barocca*
Taviani F., *Uomini di scena, uomini di libro. Introduzione alla letteratura teatrale italiana del Novecento*

PSICOLOGIA E SCIENZE COGNITIVE

Cornoldi C. e Tagliabue M., *Incontro con la psicologia*
Lück H.E., *Breve storia della psicologia*
Cianciolo A.T. e Sternberg R.J., *Breve storia dell'intelligenza*
Oatley K., *Breve storia delle emozioni*
Sanford A.J., *La mente dell'uomo*
Amadei G., *Come si ammala la mente*
Huteau M. e Lautrey J., *I test di intelligenza*
Tabossi P., *Intelligenza naturale e intelligenza artificiale*
Brunas-Wagstaff J., *La personalità*
Burr V., *Psicologia delle differenze di genere*

Chmiel N., *Tecnologia e lavoro. Un approccio psicologico*
Cassidy T., *Stress e salute*

DEMOGRAFIA

Vallin J., *La popolazione mondiale*
Véron J., *Popolazione e sviluppo*
Baldi S. e Cagiano De Azevedo R., *La popolazione italiana. Storia demografica dal dopoguerra ad oggi*
Pugliese E., *L'Italia tra migrazioni internazionali e migrazioni interne*
Gruppo di coordinamento per la demografia - Società italiana di statistica, *Rapporto sulla popolazione. L'Italia all'inizio del XXI secolo*

SOCIOLOGIA

Cavalli A., *Incontro con la sociologia*
Elster J., *Come si studia la società. Una «cassetta degli attrezzi» per le scienze sociali*
Giddens A., *Durkheim*
Poggi G., *Incontro con Max Weber*
Hamilton P., *Talcott Parsons*

Coulter J., *Mente, conoscenza, società*
Dubar C., *La socializzazione. Come si costruisce l'identità sociale*
Pisati M., *La mobilità sociale*
Poggi G., *Il gioco dei poteri*
Popitz H., *Fenomenologia del potere*
Neveu E., *I movimenti sociali*
Connell R.W., *Questioni di genere*
Véron J., *Il posto delle donne*
Kaufmann J.-C., *La vita a due. Sociologia della coppia*
Willaime J.P., *Sociologia delle religioni*
Bucchi M., *Scienza e società*
Heinich N., *La sociologia dell'arte*
Bourdon J., *Introduzione ai media*
Menduni E., *Il mondo della radio. Dal transistor a Internet*
Price V., *L'opinione pubblica*
Paccagnella L., *La comunicazione al computer*
Sartori L., *Il divario digitale. Internet e le nuove disuguaglianze sociali*
Steiner P., *Economia, mercati, società*
Sassatelli R., *Consumo, cultura e società*
Kawamura Y., *La moda*
Zimmermann C., *L'era delle metropoli. Urbanizzazione e sviluppo della grande città*
Vicari Haddock S., *La città contemporanea*

De Marchi B., Pellizzoni L., Ungaro D., *Il rischio ambientale*
Lupton D., *Il rischio. Percezione, simboli, culture*

ANTROPOLOGIA CULTURALE

Rivière C., *Introduzione all'antropologia*
Schneider H.K., *Antropologia economica*
Lewellen T.C., *Antropologia politica*
Segalen M., *Riti e rituali contemporanei*

POLITICA

Rosen K., *Il pensiero politico dell'antichità*
Mertens D., *Il pensiero politico medievale*
Reinhard W., *Il pensiero politico moderno*
Fenske H., *Il pensiero politico contemporaneo*
Laurent A., *Storia dell'individualismo*
Skinner Q., *Machiavelli*
Shklar J.N., *Montesquieu*
McLellan D., *Marx*

Sola G., *Incontro con la scienza politica*
Poggi G., *Lo stato. Natura, sviluppo, prospettive*
Raniolo F., *La partecipazione politica*
Della Porta D., *I partiti politici*

Held D. e McGrew A., *Globalismo e antiglobalismo*
Kellas J.G., *Nazionalismi ed etnie*

Gozi S., *Il governo dell'Europa*
Ziller J., *La nuova Costituzione europea*
Caciagli M., *Regioni d'Europa. Devoluzioni, regionalismi, integrazione europea*
Lippolis V., *La cittadinanza europea*

Roche J.-J., *Le relazioni internazionali. Teorie a confronto*
Caffarena A., *Le organizzazioni internazionali*
De Guttry A. e Pagani F., *Le Nazioni Unite. Sviluppo e riforma del sistema di sicurezza collettiva*

ECONOMIA

Campiglio L., *Tredici idee per ragionare di economia*

Dasgupta A.K., *La teoria economica da Smith a Keynes*
Mahieu F.R., *Ricardo*
Skidelsky R., *Keynes*
Arndt H.W., *Lo sviluppo economico. Storia di un'idea*

Lafay G., *Capire la globalizzazione*
Solow R.M., *Il mercato del lavoro come istituzione sociale*
Stiglitz J.E., *Il ruolo economico dello stato*
Zanetti G. e Alzona G., *Capire le privatizzazioni*
Foray D., *L'economia della conoscenza*
Benhamou F., *L'economia della cultura*
Boillot J.-J., *L'economia dell'India*
Lemoine F., *L'economia cinese*
Mapelli V., *Il sistema sanitario italiano*

DIRITTO

Ducos M., *Roma e il diritto*
Facchi A., *Breve storia dei diritti umani*
McIlwain C.H., *Costituzionalismo antico e moderno*
Fioravanti M., *Costituzione e popolo sovrano*
De Vergottini G., *Le transizioni costituzionali*
Giannini M.S., *Il pubblico potere. Stati e amministrazioni pubbliche*
Galgano F., *Lex mercatoria. Storia del diritto commerciale*